Zinn sammeln

Hanns-Ulrich Haedeke

Zinn sammeln

Emil Vollmer Verlag GmbH · München

Emil Vollmer Verlag GmbH, München
Alle Rechte vorbehalten, auch die des auszugsweisen Nachdrucks
und der fotomechanischen Wiedergabe.
Printed in Germany.
© 1980 Gesamtproduktion: F. Englisch · Wiesbaden

ISBN 3-87876-325-5

Inhalt

Zinn sammeln

Noch nie ist in der Geschichte der Menschheit das Sammeln von alter Kunst und von Gegenständen des Kunstgewerbes so verbreitet gewesen wie heute. Gründe dafür gibt es mehrere, einer – und der wichtigste – ist der Wohlstand in breiten Kreisen der Bevölkerung, wie es auch das vorher zu keinen Zeiten gegeben hat. Wenn dieser Hauptgrund an erster Stelle genannt wird so deshalb, weil Wohlstand und Geld noch immer die erste Voraussetzung für das Sammeln von Kunst gewesen sind. Nur wenige Enthusiasten haben unter Entbehrungen gesammelt, bei den meisten Menschen gingen Essen und Trinken und andere Annehmlichkeiten des Lebens vor dem Wunsch, sich mit den Kunstzeugnissen vergangener Tage zu umgeben. Ein zweiter Grund ist der gehobene Bildungsstand in vielen Schichten der Bevölkerung. Hinzu kommt schließlich eine Sehnsucht nach jenen Zeiten, die oft die ,,guten, alten" genannt werden – sehr zu Unrecht meistens. Und schließlich ist auch bei vielen der Wunsch rege, die Schönheit und die Harmonie der Formen zu sich in ihren Lebensbereich zu holen, als Gegenpol zu unserer technisierten und im Künstlerischen oft fragwürdigen Umwelt, die an ästhetischen Reizen so arm geworden ist. Nicht zu vergessen wäre schließlich, daß Kunstsammeln Mode geworden ist, daß es manchem zum äußeren Zeichen des errungenen wirtschaftlichen und gesellschaftlichen Erfolges dienen soll und zum Schluß endlich, daß im Erwerb von Kunstgegenständen manch einer eine gute Geldanlage in inflationärer Zeit oder gar eine Spekulationsmöglichkeit – besser und effektiver als etwa der Kauf von Aktien – sieht.

Gesammelt wird heutzutage vieles, eigentlich – und das ist neu und auch noch nicht dagewesen – so gut wie alles auf dem Gebiete der Kunst und des Kunstgewerbes vergangener und jüngstvergangener Zeit. Schon seit der Antike sammelten die Kenner Skulpturen und Malerei, aber auch Münzen und Schmuck, edle Gefäße aus kostbaren Materialien, Gläser, Waffen und Rüstungen. Seit dem vorigen Jahrhundert erweiterte sich der Kreis des als sammelnswürdig Anerkannten mehr und mehr, von den formschönen Gebrauchsgegenständen vergangener Jahrhunderte über Puppen bis hin zu den alltäglichen Gerätschaften aus Großmutters Zeit, dem Kram und schließlich sogar dem Kitsch der Elternzeit. Die Nachfrage ist überall groß, Nachfrage nach den höchsten Qualitäten und Nachfrage nach dem Trödel.

Das vorliegende Buch will ein Gebiet behandeln, dessen Objekte heute zu den gesuchtesten, zu den hochgeschätzten und zu den hochbezahlten gehören: Das Buch handelt von altem Zinn, vom Sammeln und von Sammlern, von Handel und Preisen, von Markenwesen und Zünften, von Pflege und Restaurierung, von Aufstellung und Anordnung, von Fälschungen und Kopien, von Geschichte und Geschichten, von Fachliteratur und Quellenschriften.

Es gibt mancherlei Gründe und Anlässe, wie man dazu gelangen kann, altes Zinn zu sammeln. Vielleicht wurden in einem Museum Zinnarbeiten früherer Zeiten gesehen und Interesse daran gefunden, vielleicht bewunderte man die Zinnsammlung eines Freundes oder bekam einen Zinnteller geschenkt, vielleicht erbte man einige Stücke oder las darüber in einem Buche, einem Katalog, einer Zeitschrift. Nicht allzu häufig ist ein Sammler im Elternhause mit alten Kunstgegenständen aufgewachsen, zwangsläufig muß sich dann in den allermeisten Fällen der Liebhaber und angehende Sammler zuerst einmal mit dem Gebiet, auf das seine Wahl gefallen ist, auseinandersetzen. Diese Auseinandersetzung kann auf dreifache Weise stattfinden. Entweder der Neuling sammelt alles an Zinngerät, was ihm gefällt oder was ihn interessiert. Das ist die

riskanteste und ungeschickteste Art, eine Sammlung aufzubauen, doch leider ist sie häufig anzutreffen.

Der Museumsmann weiß ein Lied davon zu singen, wie oft
Leute mit ihren über Jahre zusammengetragenen und
meist teuer bezahlten Stücken kommen und gelobt werden
möchten für ihre prachtvolle Kollektion und wie bitter die
Enttäuschung ist, wenn sich der größte Teil der Sachen
als Fälschung oder Kopie herausstellt. Die andere Methode mit Sammeln zu beginnen ist, sich zunächst intensiv
mit der Fachliteratur und den in den Museen ausgestellten
Objekten zu beschäftigen, um sich theoretische Kennerschaft zu erwerben. Diese Methode ist nicht schlecht, aber
mir sind bisher kaum Menschen bekannt geworden, die ihre Sammeltätigkeit auf so rationalistische, trockene und
leidenschaftslose Weise begonnen haben. Die dritte und
beste Methode ist, beides zugleich zu tun, das heißt, vorsichtig zu sammeln – was zumeist kaufen heißt – und sich
dabei intensiv mit dem Fachgebiet zu beschäftigen.

Beschäftigen, das heißt lesen und studieren, lernen, sehen
und vergleichen.

Gewinnung

Zinn ist ein mattgrau blinkendes bis silbrig glänzendes Metall; das chemische Zeichen dafür lautet Sn, vom lateinischen *Stannum*. Selten nur kommt es in der Natur als Element in reinem Zustand vor. Zumeist findet es sich in der Form des *Kassiterits* (SnO_2), auch *Zinnstein* oder *Zwitter* genannt. Es wird von Bergleuten im Tagebau gewonnen oder aus Schichten abgebaut, die meist unmittelbar unter der Erdoberfläche liegen. Der Abbau wurde bereits in der Antike systematisch betrieben, zumal Zinn wichtiger Bestandteil der Bronze war, die einem ganzen Kulturzeitalter den Namen gegeben hat. Das Kassiterit wird in Hammerwerken zerkleinert, vorsortiert und ausgeklaubt. Dann treibt man die Verunreinigungen von Schwefel und Arsen durch Rösten aus, schließlich wird es im Schacht- oder Flammofen stark erhitzt. Dabei schmilzt das Metall heraus, ist jedoch meist noch durch Eisen verunreinigt. Um die Metalle zu trennen, erhitzt man das sogenannte Roh- oder Werkzinn nur wenig über seinen Schmelzpunkt, der zwischen 231 und 238 Grad liegt, und läßt es über eine geneigte Unterlage abfließen, wobei das viel schwerer schmelzbare Eisen liegen bleibt. Man nennt diesen Vorgang Seigern. Das so gewonnene weiche Metall ist nicht besonders widerstandsfähig, da seine kristallinische Struktur bei einem Druck von 8 kg pro mm² bricht. Bei Druck oder Biegen von Zinnplatten bzw. -stangen ist oft ein Knirschen oder Knistern zu hören, das sogenannte *Zinngeschrei*. Reines Zinn wäre für den Guß wie für den Gebrauch zu weich. Damit es die richtige Konsistenz und Geschmeidigkeit erhält, muß es mit anderem Metall vermischt werden, und zwar in bestimmten Verhältnissen. Dazu nimmt man Blei, Kupfer, Messing, Antimon, Wismut, seltener Zink. Je nach dem Zusatz und Anteil von Fremdmetall unterschied man – etwa vom 15. Jahrhundert an – die Legierungen.

- Feinzinn
- Probezinn
- geringes Zinn.

Feinzinn setzt sich aus 95–98% reinem Zinn und einem Beischlag von 2 bis 5% aus Kupfer, Messing, Antimon und Wismut zusammen, wobei die Anteile der einzelnen Metalle variieren und oft Werkstattgeheimnis der einzelnen Meister waren. Diese Legierung hat eine weißlich glänzende helle Farbe, gibt einen schönen Klang, verfügt über Dichte und Haltbarkeit und läßt sich gut gießen. Die zweite Sorte, das Probezinn, wurde am häufigsten verwendet. Es hat einen Anteil von Blei, das – in rechtem Maße zugesetzt – dem Werkstoff Geschmeidigkeit im Guß verleiht und die Geräte fest und haltbar macht; die Farbe ist etwas dunkler als beim Feinzinn. Da Blei als Rohmaterial bedeutend billiger als Zinn ist, war die Versuchung für manchen Zinngießer nicht gering, seine Legierung mit dem wohlfeilen Werkstoff zu strecken, um dadurch beim Verkauf größeren Profit zu erzielen. Da aber übermäßiger Bleigehalt giftig wirken kann, wenn z. B. das daraus hergestellte Geschirr mit gewissen Säuren zusammenkommt, war die Gefahr groß, daß sich Benutzer vergiften konnten. Um nun die Käufer vor Übervorteilung und Schaden zu schützen und die Zinngießer von unlauteren Machenschaften abzuhalten, wurden Regelungen getroffen, die das Mischungsverhältnis von Blei und Zinn betrafen. Diese Regeln, in Deutschland meist *Ordnung* genannt, konnten entweder von den Landesherren, den Stadtverwaltungen oder den Zünften selbst ausgehen. Die frühesten Ordnungen stammen aus dem 14. Jahrhundert, jener Zeit, als sich in den Städten die Handwerkerstände zu formieren begannen, als das städtische Leben aufblühte, als der Handel sich über das Land auszubreiten begann und die Geldwirtschaft aufkam. Da mittelalterliches Zinn aus der Zeit vor dem 14. Jahrhundert kaum erhalten ist, läßt sich heute nicht sagen, ob vorher der Gußmasse viel Blei zugesetzt wurde. Die Fundstücke aus dem römischen Altertum enthalten gelegentlich recht viel Blei, doch gehört die manchmal zu vernehmende Geschichte, das römische Weltreich sei zugrunde gegangen, weil so viele seiner Bewohner an Bleivergiftung gestorben seien, ins Reich der Fabel.

Die Zusammensetzung des Probezinns war innerhalb Deutschlands verschieden. Die Schwankungen reichen von 6 Teilen Zinn und 1 Teil Blei als der schlechtesten Legierung bis zu 15 Teilen Zinn und 1 Teil Blei. In Nürnberg, der bedeutendsten Handels- und Gewerbestadt des 14. bis 16. Jahrhunderts, nahm man auf 10 Teile Zinn 1 Teil Blei, und diese Legierung wurde in Deutschland als die *Nürnberger Probe* bekannt. Da viele Zünfte das Nürnberger Handwerkswesen als vorbildlich ansahen, setzte sich die Legierung 10:1 schließlich an vielen Orten im deutschsprachigen Gebiet durch, und man nannte sie daher auch die *allgemeine Reichsprobe*. Man kann davon ausgehen, daß die meisten Zinngeräte seit dem 16. Jahrhundert aus dieser Legierung bestehen. Die Zünfte hielten ein strenges Auge auf die Erzeugnisse ihrer Mitglieder und bestraften diejenigen, die sich nicht an die Bestimmung hielten, sehr hart. Im Falle des Verstoßes wurde meist die beanstandete Ware eingezogen und zerstört. Der Sammler unserer Tage wird sich über gute Qualität der Zinnlegierung bei seinen Stücken natürlich freuen, doch wird es beim Kauf hinsichtlich der Preisbewertung keine Rolle spielen, ob ein Gegenstand aus Feinzinn oder aus Probezinn besteht. Die dritte Sorte Zinn schließlich ist das in Norddeutschland sogenannte *Mankgut.* Der Bleizusatz lag hoch, vom Verhältnis 5:1 bis 1:1. Unter dem starken Bleigehalt leidet das Aussehen der Legierung, sie ist stumpfig, schwärzlich-grau, ohne Klang, blechern und dumpf. Ziergeräte, Vasen, Altargeräte, Appliken, Sargbeschläge, Kühlgefäße, Spruchtafeln, Leuchter, sehr oft auch kirchliche Schmuckgeräte, bestehen meist aus geringem Zinn, aber ebenso häufig findet man solche Stücke auch aus guter Legierung, da diese schöner aussieht.

Seit der zweiten Hälfte des 19. Jahrhunderts setzte man dem Zinn in stärkerem Verhältnis Antimon zu. Dieses macht das Metall heller und glänzender und verleiht ihm einen silbrigen Ton. Die Komposition von 85% Zinn, 10% Antimon und 5% Kupfer ist als *Britanniametall* bekannt. Da die Gerätschaften, die man seit etwa 1850 daraus herstellte, stilistisch nicht mehr in der Tradition des Zinns stehen, da die Fertigung schon fabrikmäßig erfolgte und auch die technischen Eigenschaften des Zinns nicht mehr gegeben sind, sollen diese Gegenstände in unserer Betrachtung unberücksichtigt bleiben.

Verarbeitung

Zinngerät wird stets gegossen. Die von Silber und Gold, von Kupfer und Messing her bekannten Methoden des Treibens, Hämmerns, Schmiedens, Drückens, Walzens und Ziehens läßt das Zinn nicht zu, da es nicht genügend dicht und geschmeidig ist, es würde reißen. Zwar gibt es heutzutage einen Meister, der Zinntreibarbeiten macht; das aber ist erst dadurch möglich, daß Zinnbleche mit besseren technischen Eigenschaften zur Verfügung stehen. Dergleichen war früher nicht möglich und wurde wohl auch gar nicht angestrebt.

Der Zinnguß erfolgt in Formen, die vor allem in früherer Zeit von den Zinngießern selbst hergestellt wurden. Lange Jahre gehörte es zu den Grundaufgaben der Meisterprüfung, daß der Prüfling eine bestimmte Form zu fertigen hatte. Seit Ende des 16. Jahrhunderts wurde es üblich, daß spezielle Formschneider diese Arbeit übernahmen. Unterschiedlich ist das Formmaterial. In früherer Zeit – bezeugt durch die Beschreibung in dem Werke des Theophilus Presbyter um 1100 – goß man aus verlorener Form. Der Handwerker formte dabei zuerst aus Ton einen Kern, der dem Inneren des zu bildenden Gerätes oder der Figur entsprach. Dieses Tongebilde erhielt eine Wachsschicht von etwa 3–4 mm Stärke. Das Wachs wiederum wurde mit Ton beschichtet. Nach dem Trocknen des Ganzen schmolz man das Wachs heraus und gewann so einen Hohlraum, dessen Form dem gewünschten Gerät entsprach. In diesen Hohlraum goß man flüssig erhitztes Zinn. Nach dem Erkalten mußte der äußere wie der innere Tonmantel entfernt werden, was nur ging, wenn man den Ton zerstörte. Die kunstvoll gebaute Form war verloren. Das in Zinn gegossene Stück blieb ein Unikat.

Diese Methode des Zinngusses, mit deren Hilfe man feinste künstlerische Modellierungen ausführen konnte, war zeitraubend, kostspielig und nicht wirtschaftlich. Zur Herstellung von größeren Mengen Gebrauchsgeräten kam sie nicht in Frage. Man mußte danach trachten, Formen herzustellen, die sich möglichst oft benutzen ließen. Bis ins 16. Jahrhundert goß man nach Modell. Dafür stellte man aus gebranntem Ton oder aus Holz das Modell einer Kanne bzw. eines sonstigen Gefäßes her. Wie noch heute beim Bronze- oder Messingguß üblich, drückte man dieses Modell mit seiner einen Hälfte in Formsand ab. Dann hob man das Modell etwas an und goß den Raum zwischen Wand und Modell aus. Nach Wiederholung des Vorganges besaß man zwei halbe Gefäßkörper, die zusammengelötet wurden. Deckel, Henkel, Ausgüsse, Griffe usw. wurden für sich gegossen und angesetzt. Letzteres gilt nicht nur für das obige Verfahren, sondern auch für die anderen noch zu beschreibenden Gußmethoden.

Der nächste Schritt in der Entwicklung der Gußtechnik war, daß man Formen herstellte, die mehrfach und immer wieder benutzt werden konnten. Für ein Hohlgefäß bestanden diese Formteile aus dem Kern, der dem Inneren des Gefäßes entsprach. Der äußere Mantel wird *Hobel* oder *Hubel* genannt. Kern wie Hobel bestehen meist aus mehreren Teilen, die durch Nuten, Zapfen und Stifte – das sogenannte Schloß – mit Hilfe einer Presse fest verklammert werden. In dem zwischen Kern und Mantel bestehenden Hohlraum wird die flüssige Zinnlegierung durch Gußröhren, sogenannte *Güssel,* eingefüllt und verteilt sich überallhin. Dabei muß der Zinngießer darauf achten, daß er die richtige Temperatur des Schmelzflusses abpaßt, denn wenn zu wenig erhitzt ist, wird das Gußstück matt und porös, man nennt das *kaltbrüchig;* ist der Hitzegrad zu groß, läuft es regenbogenfarbig an und wird *rotbrüchig.* Besonders muß noch darauf geachtet werden, daß die Formen selbst in allen ihren Teilen ebenfalls gleichmäßig erhitzt werden, damit sich das Zinn richtig in alle Hohlräume verteilen kann. Zu diesem Zwecke hält der Zinngießer die Formen mit einer Zange in die flüssige Zinnlegierung, die in einem Kessel auf dem Schmelzofen heißgehalten wird, und zwar bei einer möglichst konstanten Temperatur von 400 Grad. Ehe das Zinn mit einem Schöpflöffel in die Form eingefüllt wird, streicht man diese, soweit sie mit der glutflüssigen Masse in Berührung kommt, mit Lehmmasse oder Graphit ein, damit sich Form und Gußstück nach dem Erkalten leicht trennen lassen. Die heißen Formeinzelteile werden nach dem Bestreichen mit Zangen zusammengesetzt, was Geschicklichkeit und Behendigkeit erfordert. Während des Eingießens wird die Form von außen zum Abkühlen mit nassen Lappen umhüllt. Wenn das Zinn erstarrt ist, nimmt der Gießer die Form ab und findet einen Gußkörper vor, der nur noch nachgearbeitet werden muß. Das in den Eingußröhren stehengebliebene Zinn wird abgeschnitten, die Gußnähte und Grate sowie alle Unebenheiten abgefeilt. Schließlich kommt das Stück auf die Drehbank, wo es der Zinngießer einspannt und mit dem Handstahl abdreht. Kleine Henkel, Ausgüsse, Griffe usw., die in eigenen Formen einzeln gegossen werden, lötet der Zinngießer mit Zinn-Bleilot unter der Stichflamme an. Dann wird alles mit Feilen, Schabmeißeln und Poliersteinen geglättet.

Was die Henkel von Kannen und Krügen betrifft, so wurden sie früher, das heißt bis ins 19. Jahrhundert, an- genauer gesagt eingegossen, um eine größere Haltbarkeit zu gewährleisten. Aus der Kannenwandung schnitt man zwei kleine Stücke aus, und zwar am Rande oben und an der Ansatzstelle unten. Dann wurde die Henkelgußform passend angelegt und außen ringsum mit Ton abgedeckt, damit das Zinn nicht weglief. Im Inneren des Gefäßes drückte der Zinngießer einen mit Lehmwasser befeuchteten Leinenlappen über den Ausschnitt. Beim Gießen in die Henkelform füllte die Gußmasse zugleich die ausgesparten Löcher und verband sich so fest mit der Gefäßwandung. Der Leinenlappen hinterließ sein meist mehr oder minder grobes Stoffmuster als Abdruck in dem Zinn. Bei der Beurteilung von Kannen und Krügen ist dieser Leinenfleck ein wichtiges Kriterium, das für das Alter des Gegenstandes spricht. Doch sollte sich der Sammler hüten, allein aufgrund des Leinenfleckes die Echtheit des Objektes anzu-

erkennen. Denn auch gute Kopien oder Stilnachahmungen aus der Zeit um 1900 zeigen oft den Leinenfleck; hingegen kann er bei geringwertigen Arbeiten des 18. Jahrhunderts fehlen, denn auch in früherer Zeit lötete man gelegentlich größere Henkel an.

Die Formen, von denen so oft die Rede war, konnten aus verschiedenem Material bestehen. Man schnitt sie aus Schiefer, Serpentin, Solnhofener Stein oder Sandstein, man stellte sie aus Bronze, Messing, Kupfer, später auch aus Eisen her. Seit dem 16. Jahrhundert wurden sie von berufsmäßigen Formschneidern gemacht. Da sie einen beachtlichen Anschaffungs- und Materialwert besaßen, wurden sie oft generationenlang benutzt, wodurch Stilverspätungen zustande kamen. In Norddeutschland waren es manchmal die Zünfte, die die Formen anschafften und an ihre Mitglieder ausliehen – so erklärt sich, daß gleiche Gefäßtypen die Marke verschiedener Meister aufweisen können.

Der matt-silbrige Schimmer des Zinngeräts ist zusammen mit dem Wohlklang der Form zu allen Zeiten als höchster ästhetischer Wert angesehen worden. Trotzdem hat man immer wieder versucht, der Oberfläche noch andere dekorative Werte zu verleihen. Zwei Möglichkeiten boten sich an, das Zinngerät zu bereichern: Man konnte es gravieren oder mit Relief versehen; nur selten wurde es bemalt, vergoldet oder versilbert, weil man wohl empfand, daß das schimmernde Metall keinen farbigen Überzug und keine farbige Bereicherung mehr brauchte.

Reliefdekor ließ sich anbringen, indem man das Motiv negativ in der Form anlegte, beim Guß trat es dann plastisch hervor. Es wurden hauptsächlich zwei Methoden angewandt. Bei der einen arbeitete der Formschneider mit dem Stichel und dem Stecheisen das Motiv negativ in die Form. Profile, Wülste, Kehlen und dergleichen sind die einfacheren Zierarten, figürlicher Schmuck ist eine Variante, die das Zinngerät einer ganzen Epoche im ausgehenden 16. und frühen 17. Jahrhundert bestimmt hat (Abb. 1). Die Nürnberger Zinngießer der Zeit um 1560 bis 1590 entwickelten noch eine andere Technik: Sie ätzten das Schmuckmotiv mit Hilfe von Säure in die Form (Abb. 2). Im Gußstück erschien dann die Zeichnung leicht erhaben und scharf konturiert, aber relativ flach; das Relief war in nur

Abb. 1 Modell für Reliefzinn aus geschnittener Form von François Briot, Montbéliard, um 1580–1660. Kunstgewerbemuseum Berlin-Charlottenburg

zwei Ebenen angelegt, weil die Säure ja gleichmäßig, aber nicht modellierend ätzt. Da Reliefzinn in dieser Technik an Holzschnitte erinnert, gebrauchte man in der älteren Literatur den Ausdruck *Holzschnittmanier*. Nur sehr selten kommt es vor, daß Zinnstücke selbst an ihrer Oberfläche direkt mit Schmuckmotiven geätzt sind. Diese Art von Dekor wurde einzeln auf jedes Schmuckstück aufgebracht, es handelt sich also nicht um eine vervielfältigende Methode. Eine Gruppe von Renaissancetellern und -schüsseln der Zeit um 1540 weist diesen Schmuck auf. Die insgesamt nicht mehr als ein Dutzend Arbeiten sind alle bekannt und befinden sich in Museumsbesitz.

Das Reliefzinn aus geätzter Form war nur auf einige Nürnberger Werkstätten beschränkt. Man kennt etwa 60 Modelle, die meisten von den Meistern *Horchhaimer* und *Preißensin*. Auch diese Arbeiten sind in festen Händen – meist in Museen – doch taucht gelegentlich eine Schüssel oder ein Teller auf dem Kunstmarkt auf, wofür sich dann selbstverständlich sogleich ein Abnehmer findet.

Abb. 2 Reliefzinn aus geätzter Form. Meister der Musenplatte, Nürnberg, um 1570. Slg. Dr. Ruhmann

Abb. 3 Reliefzinn aus abgegossener Plakette. Christoph Geriswalt, Schneeberg, um 1600. Ehemals Slg. Figdor

Reliefzinn aus geschnittener Form ist nicht allzu selten, relativ gesehen natürlich. Aus jeder Form ließen sich vielfache Abgüsse herstellen, doch war die Beschaffung der Formen offensichtlich kostspielig. Ihr Schöpfer mußte ein Künstler sein, und nur in künstlerischen und kulturellen Zentren konnte sich das hier an die bildende Kunst angrenzende Zinngießerhandwerk entwickeln. Auf vielen der Reliefzinnarbeiten finden sich neben der Marke der Zinngießer Monogramme, die leider bis heute noch nicht aufgelöst werden konnten. Mit großer Wahrscheinlichkeit handelt es sich um die Initialen der Formschneider, die im 16.

und 17. Jahrhundert einen eigenen Berufsstand bildeten. Nur sehr selten dürfte ein Zinngießer versucht haben, selbst aus Messing, Kupfer oder Stein Formen mit Reliefdekor zu schneiden.

Bei den meisten der in Sachsen und einigen in Böhmen im 16. Jahrhundert entstandenen Reliefzinnarbeiten wandten die Zinngießer ein einfacheres Verfahren an. Sie beschafften sich Blei-, Bronze- oder Zinnplaketten, wie sie im 16. Jahrhundert vor allem in Augsburg und Nürnberg hergestellt und vertrieben wurden. *Peter Flötner* war einer der bekanntesten Schöpfer solcher Plaketten, die als Vorbilder für andere Künstler und Kunsthandwerker gedacht waren. Von diesen Vorbildern machten die sächsischen Zinngießer Abgüsse in Gips, Zinn oder Blei und gewannen auf diese Weise Negativformen, aus denen sie dann in Friesen oder Streifen Reliefs gossen (Abb. 3). Mit diesen Reliefbändern schmückte man die Wandungen von großen Zunftkannen oder kleineren Trinkkrügen. Die Zeit dieser Schmuckart war nur kurz, die Zahl der Arbeiten ist nicht allzu groß. Weil es sich um Abgüsse handelt, sind die Konturen oft recht flau, selbst bei den originalen Arbeiten aus dem späten 16. Jahrhundert. Da es auch Fälschungen des sächsischen Reliefzinns gibt, ist es nicht leicht, die unscharfen Nachgüsse von den unscharfen Originalen zu unterscheiden.

Reliefierte Ornamente und Figuren kommen auch vor auf dem Henkelrücken und als Daumenrast oder -ruhe, das ist das aufragende Teil, das aus dem Scharnier entwickelt ist und als Handhabe dient, um den Deckel hochzukippen. Die Reliefplaketten, die gelegentlich im Boden von größeren Kannen zu finden sind, dienten dazu, das Loch zu verschließen, durch welches während der Bearbeitung, dem Abdrehen, die Spindel gesteckt war, um die das Werkstück auf der Drehbank rotiert. Vor allem bei Hansekannen des 15. und 16. Jahrhunderts, aber auch bei Kannen anderer Gegenden bis gegen 1700, trifft man diese Bodenmedaillons an; gelegentlich sind es Abgüsse von Pilgerzeichen. Reliefköpfe oder -ornamente werden manchmal auf- oder eingelötet als Abschluß des unteren Henkelansatzes.

Zentren des Reliefzinns waren Lyon und Montbéliard, Nürnberg und Sachsen; an anderen Orten wurde Reliefzinn nur gelegentlich als Ausnahme angefertigt. Das Reliefzinn war nicht zum täglichen Gebrauch bestimmt. Der in der Literatur des vorigen Jahrhunderts aufgekommene Ausdruck *Edelzinn* deutet dies an, das englische Wort *Display Pewter* sagt es genauer: Reliefzinnarbeiten waren Ausstellungs- und Schaustücke, die man seit eh und je auf Möbeln gruppierte oder zum Schmuck an die Wand hängte.

Abb. 4 Gravierter Dekor aus der Kanne der vereinigten Zunft ▷ der Bäcker, Müller und Lebzelter in Schlaun (Böhmen), datiert 1577. Landesmuseum Prag

Eine weitere, sehr verbreitete und beliebte Art die Oberfläche von Zinn zu dekorieren war die Gravur. Da das Metall ziemlich weich ist, läßt es sich gut mit dem Stichel ritzen. Häufig wurden, vor allem im 18. und 19. Jahrhundert, Initialen und Jahreszahlen eingraviert, Namen, Wappen, Blumen und Ranken sind immer wieder anzutreffende Motive. Gelegentlich wird sie der Zinngießer selbst gefertigt haben; von reicheren Darstellungen mit Figuren und Landschaften weiß man durch Signaturen, daß sie von professionellen Stechern ausgeführt wurden, in anderen Fällen läßt die hohe Qualität darauf schließen. Vorzüglich gravierte Schrifttafeln aus Zinn mit kunstreich verschnörkelten und verzierten Buchstaben in der Art der Schönschreibmeister gibt es aus dem 17. Jahrhundert. Mit gravierten Szenen geschmückte Teller kommen im 18. Jahrhundert vor, sind aber – in echt – recht selten. Selbst bei den einfachen volkstümlichen Motiven im Stil des späten 18. und frühen 19. Jahrhunderts sollte man stets sorgfältig prüfen, ob die Gravuren wirklich aus der Zeit sind. Gerade hier – so z. B. bei Krügen mit dem sächsischen Wappen, mit Bergleuten usw. – ist viel gefälscht worden.

Abb. 5 Geflechelter Dekor aus einer Schenkkanne. Iglau um 1600. Schloß Frauenberg

Abb. 6 Gepunzter Dekor aus einer Schleifkanne. Meister A.M., Eger, um 1600. Museum für Kunsthandwerk, Frankfurt a. M.

Beim Gravieren gibt es mehrere Arten der Strichführung. Sind die Linien voll ausgezogen, nennt man es *Gravieren* oder *Stechen* (Abb. 4). Beim Punktieren, das auch *Körnen* oder *Sticheln* heißt, ergibt sich die Zeichnung aus zahlreichen nebeneinandergesetzten Punkten, eine Technik, die nicht sehr häufig vorkommt. Das *Flecheln, Fleckeln* oder *Wackeln* ist am verbreitetsten (Abb. 5). Dabei wird der Grabstichel in kurzen, zickzackartig geführten Strichen in flacher Bewegung über die Zinnfläche geleitet. Mit der Auflösung der schlichten Linie erhält die Zeichnung eine stärkere Fülle. Für den Graveur ist die Technik leichter, weil – anders als beim ausgezogenen Strich – immer noch Korrekturen möglich sind. Die ältesten erhaltenen Zinngeräte mit Flecheldekor sind aus dem 16. Jahrhundert, auch in der Folgezeit bis ins 19. Jahrhundert war das Flecheln verbreitet.

Beliebt war auch der Schmuck durch *Punzen* (Abb. 6). Dabei schlägt der Meister mittels kleiner Eisenstempel, meist kleiner als ein Pfennigstück, Reihen und Friese von Akanthusblättern, Palmetten, Halbkugeln, Perlen oder sonstigen Motiven auf bestimmte Zonen der Zinnkrüge, -dosen, seltener -teller. Diese Schmuckart kam in der Renaissance auf und blieb bis ins 18. Jahrhundert gebräuchlich.

Seltener kommt Treibarbeit in Zinn vor, weil das Material das Verdünnen und Dehnen einzelner Stellen nicht verträgt. Böhmische Zinngießer haben im 16. und 17. Jahrhundert gelegentlich Buckelornamente wie Eicheln, Kugeln oder Ovale mit Holzpunzen erzeugt. Unter *Repoussieren* versteht man das Einhämmern von Kannelierungen oder Rippen mit einem Stechmeißel, eine ziemlich selten im 18. Jahrhundert vorkommende Art von Treibarbeit. Die meisten der heute anzutreffenden gerippten, godronierten oder sonstwie kannelierten Zinnarbeiten sind Erzeugnisse des späten 19. Jahrhunderts.

Als „geschlagene Arbeit" bezeichnet man eine Methode, die Oberfläche von Tellern und Schüsseln durch Hämmern zu verdichten. Die Hammerschläge mußten sehr gleichmäßig geführt werden, möglichst so, daß sie ein konzentrisches Muster ergaben. Formveränderungen wurden bei dieser Technik nicht erzielt, die Arbeit war ein reines Schmieden und Oberflächenveredeln.

Gelegentlich kombinierte man Zinn mit anderen Werkstoffen. In Norddeutschland, Sachsen und Böhmen, in Nürnberg und Köln, in der Schweiz und in Österreich kam es vor, daß man Zinngerät mit Messingverzierungen verband. Entweder bildete man Teile des Gefäßes – Ausgüsse, Henkel, Handgriffe, Ringe und Reifen – ganz aus Messing und ließ die goldfarbenen Partien mit dem matten Glanz des Zinns kontrastieren oder man lötete Ornamente bzw. Figuren aus Messing auf die Oberfläche von Gefäßen auf. Selten sind Zinngegenstände mit Vergoldung oder Versilberung anzutreffen. Das Verfahren ist schwierig, umständlich und auch ökonomisch ohne Sinn. Der Sammler wird sich kaum mit solchen Objekten konfrontiert finden.

Manchmal wurde Zinngerät bemalt, meist jedoch nur sparsam an bestimmten Stellen, so z. B. wenn man Wappen oder Portraits darauf anbrachte, Embleme, Blatt- und Rankenwerk und dergleichen heraushob.

In Empire und Biedermeier kam die Mode auf, Zinngerät farbig zu bemalen, so z. B. Kerzenleuchter, Dosen, Kästchen, Vasen und Deckelgefäße. Kräftige Farben wie Gelb, Grün, Rot, Schwarz, oft mit Ornamenten in Gold oder Kontrastfarben bereichert, waren beliebt (s. Abb.). Meist deckte die Bemalung die Oberfläche ganz zu. Daher und weil es sich meist nicht um Nahrungsmittelbehälter handelte, erlaubten sich die Zinngießer starken Bleizusatz. In Holland und England war diese Art der Bemalung besonders geschätzt, wohl vor allem deshalb, weil man hier mit der Herstellung von Lack Erfahrungen hatte, was wiederum mit den Handelsverbindungen dieser beiden Länder zum Fernen Osten zusammenhing. Doch auch in Deutschland gab es Manufakturen, die lackiertes Zinn produzierten.

Abb. 6a Deckelgefäß, bemalt; Deutschland, 1. Viertel 19. Jh. ▷
H. 22 cm, Privatbesitz (s. auch Seite 64)

Markenwesen und Zünfte

Jedermann, der sich mit Zinn beschäftigt, weiß, daß viele Gerätschaften Marken haben, und daß man anhand dieser Stempel das betreffende Objekt lokalisieren und datieren kann. Die Regelung des Markenwesens gehörte zu den Hauptaufgaben einer jeden Zinngießerzunft. Wie schon bei der Beschreibung des Zinngusses gesagt, konnte und mußte dem Zinn Blei hinzugefügt werden. Die Zünfte waren es, die das Mischungsverhältnis festsetzten und darauf achteten, daß man es einhielt, damit einerseits die Käufer vor Übervorteilung und Schaden durch Vergiftung geschützt und andererseits die Zunftangehörigen davon abgehalten wurden, sich betrügerischen Vorteil zu verschaffen, was das Ansehen der Gemeinschaft geschädigt hätte. Das Kontrollsystem, mit dessen Hilfe die Zünfte überwachten, ob ihre Bestimmungen eingehalten wurden, war die Auflage an die Zinngießer, ihre Ware mit Marken zu versehen, und zwar mit der *Stadtmarke* und dem eigenen *Meisterzeichen*. Die Zunftoberen und die bestellten Prüfer beschränkten sich darauf, Stichproben vorzunehmen und gegebenenfalls auf Reklamationen hin einzuschreiten. Das kam im übrigen nicht selten vor, und die Akten der Zünfte waren voll von Klagen und Berichten über schlechtes Zinn.

Die Stadtmarke bestand zumeist aus dem Wappen der Stadt oder Teilen desselben. Die Meistermarke hatte die gleiche Größe wie die Stadtmarke, etwa zwischen einem und fünf Zentimetern Höhe. Form, Größe und Art der Marken waren im Laufe der Jahrhunderte Veränderungen unterworfen. Der Zinngießer war frei in der Wahl des Motivs, welches er als sein Meisterzeichen wählte. Wer eine Hausmarke hatte, was besonders häufig in Norddeutschland vorkam, nahm diese dazu. Tiere, Pflanzen, Wappenteile, Architekturen, Embleme, Menschen, Fabelwesen, Gestirne sowie heraldische Stücke verwendete man gerne, häufig finden sich auch redende Handwerkszeichen

wie Kannen und Vasen. Hinzu kamen die Initialen. Die meisten Marken sind wie ein Wappenschild gebildet, je nach Zeitstil und -geschmack geradlinig oder mit geschweiftem Umriß. Runde Marken sind seltener, ovale kommen besonders im 18. Jahrhundert vor, gelegentlich findet man polygonale Formen oder quer-rechteckige, in denen der Meistername in Druckbuchstaben erscheint. An der äußeren Form schon läßt sich oft feststellen, ob eine Marke bzw. eine Arbeit der Barockzeit oder des 19. Jahrhunderts vorliegt. Auch die Art des Zeichens läßt Schlüsse zu. Der volle Name im quer-rechteckigen Block ist nicht vor dem ausgehenden 18. Jahrhundert anzutreffen, die sogenannten Engelmarken stammen meist aus dem 18. und frühen 19. Jahrhundert, besonders große Marken sind im 16. und 17. Jahrhundert nicht üblich gewesen, aber: Ausnahmen bestätigen die Regel.

In manchen Städten und Landschaften sind Meister- und Stadtmarken vereint, indem beispielsweise die zwei Wappenschilde in einem gemeinsamen Rund auftreten oder einen gemeinsamen Hintergrund rechteckig oder polygonal besitzen. Es gibt aber auch Stempel, in denen Stadt- und Meisterzeichen in einem Schild vereinigt sind. Das berühmteste und häufigste Zeichen ist das von Nürnberg, wo der Schild senkrecht geteilt ist. In Köln findet man in der oberen Schildhälfte die drei Kronen der Stadt und in der unteren die Buchstaben des Meisters und sein Zeichen sowie Jahreszahlen. Bremen, Augsburg, Basel und Berlin hatten ähnliche Formen.

Bei den Meistermarken sind gelegentlich Jahreszahlen anzutreffen. Sie treten aus verschiedenen Gründen auf. Manchmal zeigen sie das Jahr an, in dem der betreffende Zinngießer Meister wurde. Weiter kam es vor, daß der Meister ertappt worden war, wenn er eine mindere Legierung verwendet hatte. Dann mußte er die Jahreszahl seiner Verurteilung führen, damit die Prüfer später genau feststellen konnten, ob er sich fortan korrekt verhalten hatte. Am häufigsten aber geben die Zahlen – oft nur zweistellig, manchmal vollständig – das Jahr an, in dem eine Zinngießerordnung erlassen war.

Die Prüfenden hatten damit ein sicheres Zeichen, ob ein Stück vorher oder nachher gefertigt wurde. Bei den häufig auftretenden Zahlen 13, 74, 92, 08 und 1708 kann man stets annehmen, daß es sich um sächsische Erzeugnisse handelt, denn 1614, 1674, 1692 und 1708 erließ der sächsische Landesherr jeweils Ordnungen für die Zinngießer seines Gebietes, wobei die erste Ordnung von 1614 die Grundlage für alle weiteren war.

Andere Zahlen geben Auskunft über das Mischungsverhältnis von Zinn und Blei. In Bayreuth, Kulmbach und Hof bedeutet eine 8, daß die Probe auf acht Pfund Zinn und ein Pfund Blei festgesetzt war. In Memmingen wurde geringes Zinn durch eine 4 gekennzeichnet und im Bodenseegebiet gibt die Ziffer 10 das Verhältnis 1:10 an. In Thüringen, gelegentlich in Sachsen, aber auch in England verwendete man einen besonderen Stempel mit der römischen Zahl X, der zusätzlich zur Stadt- und Meistermarke geschlagen wurde.

Sehr oft schmolz man altes Zinngerät ein und goß daraus neue Gegenstände. Damit konnte der Auftraggeber viel Geld sparen, denn das Material war seit altersher das teuerste am Zinngerät. Im 17. Jahrhundert machte der Materialwert eines Stückes sechs Siebentel des Gesamtpreises aus. Nur ein Siebentel fiel auf den Handwerkerlohn. Dieser hohe Wert des Materials aber ist zugleich die Ursache, daß infolge dauernden Ein- und Umschmelzens altes Zinngerät so selten ist. Manchmal versteckten Besitzer ihr Zinn in Kriegszeiten vor plündernden Soldaten, indem sie es eingruben oder in Brunnen versenkten. Wenn solche Horte vergessen wurden oder der Besitzer starb, ehe er die Schätze wieder hervorholen konnte, mochte das Gerät Jahrhunderte überdauern und wird zuweilen in unseren Tagen wiederentdeckt.

Bei umgegossenem Gerät durfte der Zinngießer nur seine Meistermarke, nicht jedoch die der Stadt anbringen, oder aber die Stücke blieben ungestempelt. In Sachsen galt die Regel, daß Zinngerät der Mischung zum Zehnten oder

zum Elften drei Stempel aufweisen mußte, nämlich einmal das Stadtzeichen und zweimal das Meisterzeichen, manchmal aber auch in umgekehrter Folge.

Das Dreimarkensystem kennzeichnet die meisten sächsischen Zinnarbeiten, aber es ist auch in anderen Ländern und Städten anzutreffen.

Seit dem 17. Jahrhundert gibt es besondere Stempelungen, die Auskunft über die Qualität, das heißt über die Legierung des Zinns geben. Ein bekrönter Hammer garantierte schon im 16. Jahrhundert beste Zinnqualität, nämlich das Feinzinn. Auch die bekrönte Rose ist Beweis für klares Zinn. Sie geht vermutlich auf englische Vorbilder zurück. Häufig anzutreffen sind die sogenannten *Engelmarken,* die im 18. und 19. Jahrhundert vielfach an die Stelle der bis dahin üblichen Stadt- und Meistermarken traten. Hauptbestandteil ist die Figur einer stehenden geflügelten Gestalt, die in ihren Händen Schwert und Waage hält. Dieser sogenannte Engel ist in Wahrheit die Allegorie der Justitia, die mit ihren Symbolen für gerechte und richtige Ware garantiert. Die Bezeichnung *Englisch Zinn* – auch dieser Begriff ist außer der Herkunftsangabe zugleich Gütezeichen – und die Flügel dürften der Grund dafür gewesen sein, daß man diese Art Marken als Engelmarken bezeichnete. Sie sind meist oval und bedeutend größer als die üblichen Marken. Außer den Meisterinitialen oder dem vollen Namen findet man oft die Worte *Feinzinn, Blockzinn, Englischzinn* oder *Feinenglisch*. Nicht immer, genauer gesagt recht selten, ist eine Ortsangabe anzutreffen, weshalb die Lokalisierung von Engelmarken oft schwierig ist. Diesen Umstand haben sich Kopisten und Fälscher zunutze gemacht. Wegen der großen Häufigkeit und Bekanntheit der Engelmarke wurde sie gern auf Nachahmungen von Arbeiten im alten Stil eingeschlagen; wenn dann noch auf Initialen und Namen verzichtet wurde, ließ sich dem Fälscher nichts nachweisen. Deshalb sollte der Sammler bei solchen Engelmarken stets vorsichtig sein, vor allem, wenn sie auch noch verschlagen sind.

Schließlich gibt es die *Besitzermarken,* meist in Form eines Familienwappens. Herrschaftliche Hofhaushaltungen, wo die Bediensteten von Zinngeschirr aßen, kennzeichneten so die Gerätschaften, aber auch Klöster, Gastwirtschaften und bürgerliche Familien. Diese Marken wurden ebenfalls mit Stempeleisen eingeschlagen und zwar meist an gut sichtbarer Stelle, das heißt, auf der Vorderseite von Terrinen, Schüsseln, Saucieren, auf dem Tellerrand usw., während die Zinngießermarken meist an versteckter Stelle angebracht sind, das heißt unter dem Boden von Tellern, auf den Henkeln von Krügen und Kannen, nie jedoch vorne auf dem Gefäßkörper. Manchmal sind Zinngießermarken auch auf der Fahne des Tellers vorne eingeschlagen, häufig in England und Frankreich, nur gelegentlich in Deutschland. Besitzerzeichen wurden nicht nur eingeschlagen, sondern ebenso oft graviert.

Ferner gibt es noch *Eichzeichen.* Viele Kannen haben im Inneren, dicht unterhalb des Lippenrandes einen Zapfen, der vom Zinngießer mit eingelötet wurde. Außen war das Eichzeichen eingeschlagen. In Deutschland kommen diese relativ selten vor, vermutlich deshalb, weil bei den regelmäßig stattfindenden Prüfungen, die übrigens oft auf Anordnung des Rates von Zinngießern in Haushaltungen und vor allem Gastwirtschaften vorgenommen wurden, die in Ordnung befundenen Stücke den Besitzern ohne weitere Kennzeichnung belassen wurden, während man die beanstandeten Stücke einzog und einschmolz – eine erfreuliche Belebung für das Gewerbe der Zinngießer.

Die bisher erwähnten und besprochenen Marken wurden mit eisernen Stempeln in das relativ weiche Zinn eingeschlagen. Der Stempel war ein stabförmiges Eisen mit dem spiegelbildlich eingeschnittenem Markenmotiv an seinem einen Ende. Er wurde vom Stempelschneider, dem Angehörigen eines besonderen Berufszweiges, aus feinstem Stahl hergestellt. Der Zinngießer setzte die Stahlpunze mit der geschnittenen Marke auf das Zinnstück und schlug mit einem Hammer einmal kurz und kräftig auf den Kopf des Stabes. Der Sammler sollte sich diesen Vorgang genau vergegenwärtigen, besser noch etwas Ähnliches selbst einmal versuchen, um zu erfahren, wie eine echte Marke zustande kommt und wie sie auszusehen hat.

Natürlich kann es vorkommen, daß der Stempel verschlagen wird, sei es, daß der Hammerschlag nicht genau trifft oder nicht kräftig genug ausgeführt wurde, sei es, daß das Stempeleisen nicht exakt aufgesetzt ist, daß es abrutscht oder was immer sonst noch passieren kann. Findet man jedoch auf einem Zinnstück dreimal die gleiche Marke ein-

geschlagen – was durchaus bei originalen Arbeiten der Fall sein kann – aber gleich dreimal auf dieselbe Weise verschlagen, dann ist Vorsicht geboten. Kaum wird ein Zinngießer so täppisch sein, nach dem ersten mißlungenen Stempel auch den zweiten zu verderben, geschweige denn den dritten. Hier liegt die Vermutung nahe, daß Absicht im Spiele war, und sicher keine gute! Mehrfach verschlagene Marken sollen meistens täuschen. Eine gute, sauber eingeschlagene, gelungene und echte Marke sieht unter der Lupe ebenso präzise und korrekt aus, wie der Stempel selbst sein muß. Beim Einschlagen auf das frische, abgedrehte und fein geglättete Zinn findet durch das Eindringen des Eisens in die weichere Zinnmaterie eine Verdichtung statt, in den Grundpartien stärker, in den Partien der Zeichnung geringer. Der Untergrund wird stets eben sein, nicht verwackelt, nicht körnig, porig, unsauber oder rauh. Wobei natürlich immer in Rechnung gestellt werden muß, daß auch die Partien im Bereich der Marke im Laufe der langen Jahre verputzt sein können, bzw. daß die gesamte Oberfläche Alterserscheinungen, Flecke, Beschädigungen, Kratzer, Fraß oder dergleichen mehr aufweisen kann. Findet der Sammler aber in den Tiefen der Marke die geschilderten Merkmale: körnig, unscharf, verwackelt, porig, griesig – vor, dann ist Vorsicht am Platze. Es ist der Verdacht nicht von der Hand zu weisen, daß eine solche Marke nicht eingeschlagen, sondern mitgegossen wurde und das wiederum ist Beweis für Nachahmung, Kopie, Fälschung – sofern es sich um Gebrauchsgerät handelt. Es gibt jedoch auch mitgegossene Marken auf originalen Zinnstücken; dabei handelt es sich durchweg um Reliefzinn. Hier war es in Nürnberg in der Zeit um 1600 üblich, daß der Formschneider die Marke des auftraggebenden Zinngießers mit in die Form schnitt und zwar so, daß sie erhaben hervortrat.

Manchmal wurde diese Marke in den Gesamtdekor des Tellers mit einbezogen, manchmal ist sie in eine sonst leere Fläche auffällig hineingesetzt. Wenn die Formen zu Relieftellern und -kannen vererbt oder verkauft wurden, schlug der neue Besitzer zu der mitgegossenen Marke noch seine eigene ein.

Für den Zinnsammler sind Marken höchst wichtig, sie stellen etwas Ähnliches dar wie Signaturen auf Gemälden.

Aber genau wie bei Gemälden die Signatur, bedeutet bei Zinnarbeiten die Marke längst nicht alles – einerseits keine absolute Sicherheit, andererseits bedeutet ihr Fehlen aber auch keineswegs immer einen Mangel an Qualität. Im Gegenteil – es gibt hochbedeutsame Zinngeräte, die keine Marken tragen, so die frühen Arbeiten des 15. und 16. Jahrhunderts, aber auch solche Werke, die im Auftrage von Bestellern entstanden und bei denen die Verwendung bester Zinnqualität ohnehin selbstverständlich war. Und es gibt recht bescheidene, um nicht zu sagen schwache Arbeiten, die sich einer einwandfreien Markierung erfreuen. Und schließlich gibt es die gefälschten Marken, die sowohl eingeschlagen als auch mitgegossen sein können.

Es ist nun allerdings nicht allein damit getan, daß ein Zinnstück Marken besitzt, man muß sie auch auflösen können. Die Voraussetzung dafür haben einige Forscher geschaffen, von denen Erwin Hintze der bedeutendste ist. Er war es, der 1921 begonnen hat, die Marken der deutschen Zinngießer zu veröffentlichen und der 1931 den letzten Band herausgab, ohne daß er sein Werk hätte abschließen können. Erwin Hintze, Kustos und Abteilungsdirektor des Museums für Schlesische Altertümer in Breslau, sammelte Marken in den deutschen Landschaften Sachsen, Schlesien, Norddeutschland, Nürnberg und Süddeutschland. Zugleich durchforschte er die Archive der Städte in diesen Gegenden und suchte die Namen der Zinngießermeister und Lebensdaten herauszufinden. Archivare und Kunstforscher standen ihm hilfreich zur Seite. Dann brachte er die Marken und die Zinngießermeister, die meist mit ihren Initialen signierten, zusammen und konnte somit eine große Anzahl von Marken auflösen. Die Veröffentlichung von Hintzes Arbeit gibt dem Sammler die Möglichkeit, einen Großteil von signierten Zinnstücken zu bestimmen. Leider ist Erwin Hintze nicht dazu gekommen, Thüringen, Rheinland, Saarland, Westfalen, Niedersachsen, Oldenburg, Friesland, Brandenburg, Hessen, und die Provinz Sachsen zu bearbeiten. Bis heute hat sich noch kein Gelehrter gefunden, der Hintzes großes Werk im gleichen Stile fortgeführt hätte, woraus man nicht nur die große Bedeutung dieser Arbeit, sondern auch die gewaltige Leistung des Forschers ermessen kann. Teilgebiete sind jedoch in der Zwischenzeit bearbeitet und veröffentlicht worden, auf die noch näher eingegangen wird. Zuvor aber

noch ein Wort über Hintzes Markenwerk und wie es zu benützen ist. Die 7 Bände enthalten tausende Marken von Städten und Meistern. Jeder Band hat am Schluß ein Register, in dem die Marken nach klar gegliederten Merkmalen aufgeführt sind.

Der Sammler wird sich jetzt sein Objekt vornehmen und versuchen zu beurteilen, aus welcher Landschaft es stammt. Hat er Erfahrung und Kenntnisse und handelt es sich um ein charakteristisches Stück, kann er es nach Stilmerkmalen im großen und ganzen einordnen: ein Rörken müßte norddeutsch sein, ebenso eine hohe zylindrische Kanne, ein Hangelpott oder ein Stop – also nimmt er sich zuerst den Band Norddeutschland vor. Entsprechend handelt er, wenn er Gefäßtypen anderer Landschaften erkennen kann, was jedoch nicht immer leicht und manchmal, bei allgemein verbreiteten Formen wie Terrinen, Kerzenleuchtern, Tellern usw. gar nicht möglich ist. Dann kann vielleicht die Art der Marke weiterhelfen. Enthält sie ein runenähnliches Hauszeichen, würde man zuerst mit dem Bande Norddeutschland anfangen, weil die Hausmarken dort relativ häufig vorkommen – aber es gibt sie natürlich auch anderswo. Bei drei Marken sucht man am besten zuerst im Bande Sächsische Zinngießer, ebenso wenn bestimmte Zahlen (13, 74, 92, 08) vorkommen; enthält eine Marke drei Geweihstangen, läßt sich auf Württemberg schließen. Die Kenntnis von Stadtwappen ist stets hilfreich. Fällt einem zum Stück selbst und zur Marke gar nichts ein, so bleibt nichts anderes übrig, als alle sieben Bände durchzuforschen. Hat man Glück, wird man im letzten Bande am Schluß fündig. Bei klarem identifizierbarem Markenbild ist die Sache relativ einfach; läßt sich ein Wilder Mann erkennen, sucht man eben unter „Mensch", eine Kanne findet man bei „Gerät". Nur zu häufig sind die Marken aber verschlagen, verputzt, beschädigt oder sonstwie sehr undeutlich. Dann muß man versuchen, aus dem gerade noch Erkennbaren etwas herauszulesen und sorgfältig Marke für Marke in allen Abteilungen zu überprüfen, ob sich vielleicht die Auflösung finden läßt. Das bedeutet stundenlange Suche und nicht immer Erfolg. Zuweilen findet man bei Hintze nur die Stadtmarke, nicht aber die Meistermarke. Das kann daran liegen, daß Hintze bei seinen Forschungen weder der Name des Meisters noch eine Marke von ihm bekanntgeworden ist. Bei dem oft unvollständigen Urkundenmaterial und der unendlich großen Zahl von Zinngießern der vergangenen vier Jahrhunderte ist das möglich. Findet man bei Hintze die Marken nicht, sollte man in den Werken von Margarethe Pieper-Lippe über „Zinn im südlichen Westfalen", Theodor Kohlmann, „Zinngießerhandwerk und Zinngerät in Oldenburg, Ostfriesland und Osnabrück" und Egon Viebahn, „Bergisches Zinn" suchen. Danach wird die Nachforschung schwieriger, weil man die Schriften der Lokalforscher heranziehen muß. Ehe diese konsultiert werden, sollte man versuchen, die Stadtmarke herauszubekommen. Eine Zusammenstellung der wichtigsten Stadtmarken folgt im Nachstehenden, worunter auch viele sind, die Hintze nicht verzeichnet hat (Abb. 7). Versagt auch diese Tabelle, kann man bei Neubecker/Rentzmann, „Wappen-Bilder-Lexikon", München 1974, nachschlagen, wo fast alle deutschen Stadtwappen sogar mit Varianten angegeben sind.

Schließlich kann man auch mögliche Parallelen unter den Stadtmarken der Silberschmiede herauszufinden suchen; diese sind veröffentlicht von Marc Rosenberg, „Der Goldschmiede Merkzeichen", 3. Auflage, Frankfurt 1922–28.

Ist die Stadtmarke bekannt, wäre weiterzuforschen in den Schriften der Lokalhistoriker, soweit sie Zinngießermarken veröffentlicht haben. Leider sind deren Aufsätze oft an entlegener Stelle publiziert, z. B. in Kreisheimatblättern, Mitteilungen des örtlichen Altertumsvereins usw. Es sei hier der Versuch gemacht, die wichtigsten einschlägigen Arbeiten zusammenzustellen, deren genaue Titel im Literaturverzeichnis am Ende des Buches nachzuschlagen sind, wobei sich der Autor bewußt ist, daß ihm manches entgangen, vieles nicht bekannt ist.

Aichele, Frieder (Frankfurt/Main)
Bauer, Dirk (Marburg, Amöneburg, Frankfurt/Main)
Bondy, Karl (Böhmisch-Leipa)
Brockpähler, Renate (Coesfeld)
Dietz, Alexander (Frankfurt/Main)
Enkelmann, Hans-Walter (Rudolstadt, Saalfeld, Pößneck, Neustadt i. Thür.)
Fritz, Rolf (Dortmund)
Hänsel, R. (Schweiz)
Harksen, Julie (Altmark)
Huber, H. u. Oertel, G. (Siebenbürgen)

Kohlmann, Theodor (Oldenburg, Ostfriesland, Osnabrück)
Kratzenberger, Karl (Mark Brandenburg)
Krins, Franz (Münden)
Kupka, P. L. B. (Altmark)
Meyer-Eichel, Eva (Bremen)
Mirow, G. (Brandenburg, Crossen, Luckau, Königsberg/Neumark, Teltow, Prenzlau)
Nadolski, Dieter (Eilenburg)
Pieper-Lippe, Margarethe (Südliches Westfalen)
Reinicke, Wilhelm (Lüneburg)
Stempel, Karl (Wartheland)
Tischer, Friedrich (Böhmen)
Toepel, Clement (Gera)
Vetter, R. u. Wacha, G. (Linz/Donau)
Walter, Hans (Aussig)
Wawra, W. (Komotau)
Weiner, Piroska (Ungarn)
Wolfbauer, G. (Steiermark/Österreich)
Zukal, Josef (Troppau)

Wie man an die erwähnte Literatur von Hintze bis Zukal herankommt, sei hier gesagt. Vom Markenwerk Hintzes ist ein Neudruck erschienen; man bekommt das gesamte Opus für ca. 700,– DM im einschlägigen Buchhandel. Wem das zu teuer ist, der kann die Bibliotheken der Kunstgewerbemuseen der Landes- und Stadtmuseen benutzen, sicher werden auch die größeren Heimatmuseen, die Kunstmuseen und Galerien und manche Stadtbüchereien das Standardwerk haben. Zu entleihen ist es durchweg nicht, es muß vermutlich überall an Ort und Stelle eingesehen werden. Die betreffenden Aufsätze in den mehr oder minder entlegenen Zeitschriften kann man im Fernleihverkehr über die Stadtbücherei bestellen, Voraussetzung ist stets die exakte bibliographische Angabe. Die Kosten sind gering.

Abb. 7   Stadtmarken ▷

Aalen (Württ.)	Altenberg	Altenburg (Thür.)	Altona	Amberg	Annaberg	Ansbach

Augsburg	Bamberg	Bamberg	Backnang	Balingen	Basel	Bautzen

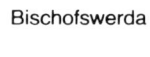

Bayreuth	Berlin	Bern	Bielefeld Peter Heinrich Heising 1780	Bischofswerda	Bremen	Breslau

Bromberg	Brünn	Bunzlau	Buxtehude	Celle	Chemnitz	Coburg

Colmar	Cottbus	Crailsheim	Danzig	Dinkelsbühl	Dippoldiswalde	Döbeln

Dresden	Düren	Düsseldorf	Eger	Eilenburg	Elberfeld	Elbing

| Ellwangen | Erfurt | Esslingen | Flensburg | Frankenberg | Frankfurt (Main) | Frankfurt/O. |

| Freiberg (Sachsen) seit 1530 | Freiberg (Sachsen) seit 1760 | Freiburg (Breisgau) | Freystadt (Schlesien) | Fulda | Gardelegen (Altmark) | Genf |

| Gera | Gerolzhofen | Gmünd (Württ.) | Gmunden (Ob.-Österreich) | Göppingen | Görlitz | Greiffenberg (Schlesien) |

| Greiffenberg (Schlesien) | Greifswald | Greiz | Grimma | Großenhain | Güstrow | Guben |

| Halberstadt | Hall (Württ.) | Hamburg | Hannover | Hirschberg | Hof | Iglau |

| Ingolstadt | Innsbruck | Jauer | Joachimsthal | Johann Georgenstadt (Sachsen) | Kamenz | Karlsbad |

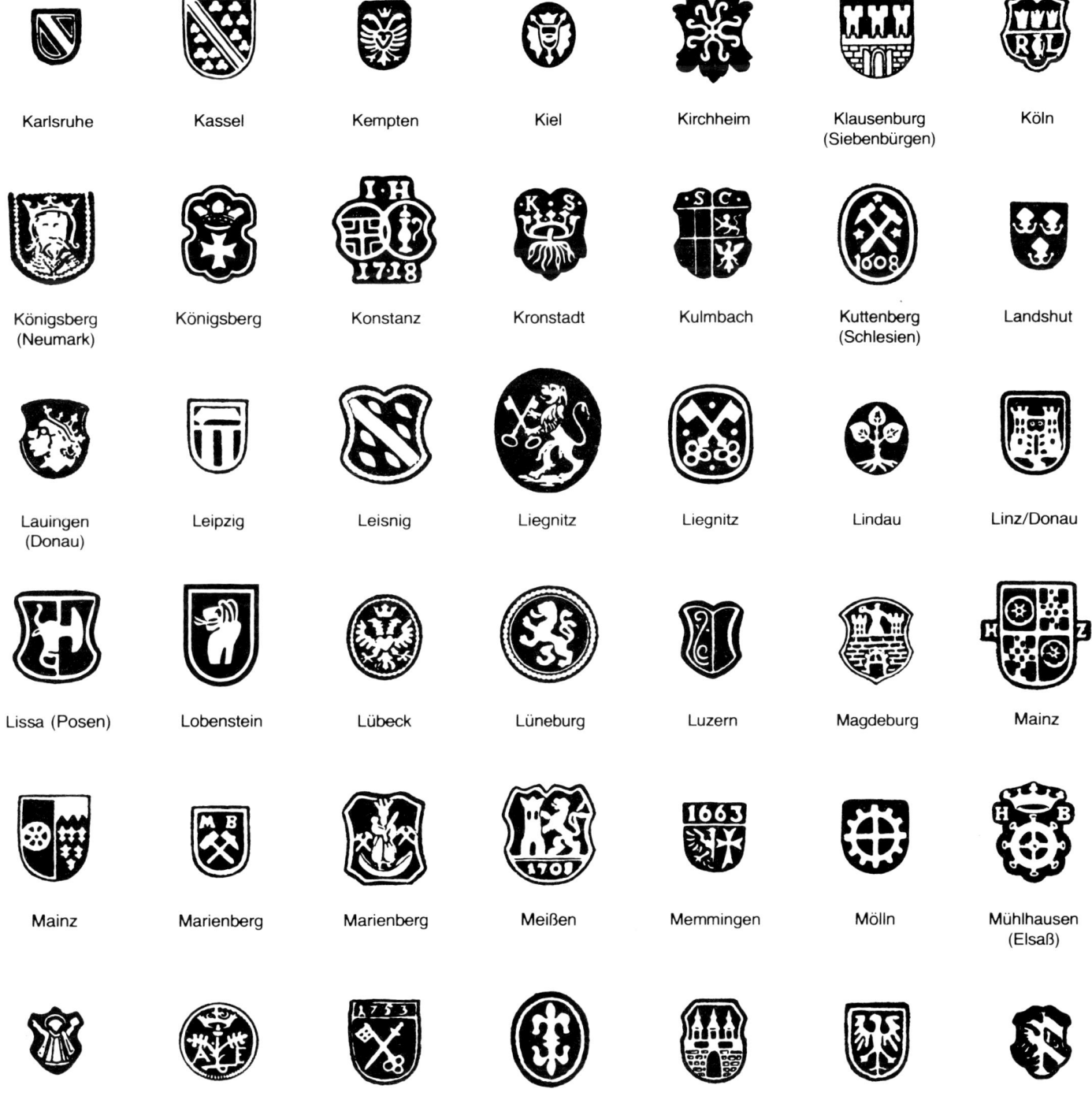

| Karlsruhe | Kassel | Kempten | Kiel | Kirchheim | Klausenburg (Siebenbürgen) | Köln |

| Königsberg (Neumark) | Königsberg | Konstanz | Kronstadt | Kulmbach | Kuttenberg (Schlesien) | Landshut |

| Lauingen (Donau) | Leipzig | Leisnig | Liegnitz | Liegnitz | Lindau | Linz/Donau |

| Lissa (Posen) | Lobenstein | Lübeck | Lüneburg | Luzern | Magdeburg | Mainz |

| Mainz | Marienberg | Marienberg | Meißen | Memmingen | Mölln | Mühlhausen (Elsaß) |

| München | Münster | Naumburg | Neisse | Neubrandenburg | Nördlingen | Nürnberg |

Ochsenfurt	Oehringen	Oppeln	Oschatz	Passau	Pirna	Plauen
Pößnek	Posen	Potsdam	Prag	Prenzlau	Ratibor	Rattenberg (Tirol)
Regensburg	Rendsburg	Reutlingen	Riga	Rochlitz	Rochlitz	Ronneburg
Rostock	Rothenburg	Rudolstadt	Saalfeld	Sagan	Salzburg	Salzwedel
St. Gallen	Schässburg (Siebenbürgen)	Schaffhausen	Schlaggenwald	Schleitz (Thür.)	Schleswig	Schneeberg
Schorndorf (Württ.)	Schweidnitz	Schwerin	Soest	Solothurn	Speyer	Stade

Stargard	Stendal	Stettin	Stollberg	Stolp (Pommern)	Stralsund	Straßburg

Straubing	Strelitz (Mecklenburg)	Stuttgart	Stuttgart	Torgau	Traunstein	Troppau

Tübingen	Ülzen	Ulm	Waldenburg (Sachsen)	Wallis	Weida	Wels

Wertheim	Wien	Winterthur	Wismar	Worms	Würzburg	Wunsiedel

Wyl	Zittau	Zittau	Zürich	Zug	Zwickau

Qualitätsmarken:

Rosenmarke	Engelmarke	Qualitätsmarke Feinzinn	Engelmarke Fein Englisch	Qualitätsmarke Fein mit Krone	Qualitätsmarke mit Hammer

Zinn von vorgeschichtlicher Zeit bis zur Renaissance

Nach den relativ langen Ausführungen einleitender Art, deren Kenntnis aber unbedingt zum Rüstzeug des Sammlers gehört, nun zum Zinngerät selbst. Es ist hier nicht die Stelle, wo auf die Entwicklung und Geschichte desselben näher eingegangen wird – das besorgen die erwähnten Bücher. Wohl aber soll anhand der verschiedenen Epochen dargestellt werden, welche Möglichkeiten des Sammelns sich für den Liebhaber ergeben, wie seine Aussichten sind, dies und jenes zu erwerben, mit welchen Preisen er zu rechnen hat, welche Gebiete besonders günstig oder ungünstig sind und wo und wie er auf Fälschungen zu achten hat.

Schon in prähistorischer Zeit stellten Menschen Schmuckstücke, Fibeln, Nadeln und dergleichen aus reinem Zinn her. Nur wenige solcher Objekte haben sich erhalten, sie befinden sich zumeist in öffentlichen Sammlungen. In der Antike – besonders in römischer Zeit – begann man bereits jene Eigenschaft des Zinns zu nützen, die es vor anderen nicht edlen Metallen auszeichnet: es oxidiert kaum. Vor allem in England scheint zur Zeit der Römerherrschaft Zinngerät ziemlich verbreitet gewesen zu sein. Die englischen Museen insgesamt beherbergen zur Zeit etwa 200 bis 300 solcher Stücke. Im Handel kommt antikes Zinn so gut wie nie vor, abgesehen vielleicht gelegentlich von Votivfigürchen. Hier gibt es für den Sammler kaum eine Chance.

Seit dem Mittelalter, genauer gesagt seit dem 15. Jahrhundert, ist Zinngerät in einer Anzahl von Exemplaren überliefert, so daß man anhand der erhaltenen und zum größten Teil in Museen bewahrten Stücke eine Stilgeschichte schreiben kann. Man kennt die Hansekannen des norddeutschen bis holländischen Raumes, die mainfränkischen Weinkannen, niederdeutschen Becher, nordostdeutschen Balusterkannen, schlesischen Schleifkannen, gefußten Ratskannen in Süddeutschland und der Schweiz sowie Feld- und Plattflaschen. Die großen Sammler – von Figdor bis Bertram – besaßen, wenn es hoch kam, drei oder vier Stücke aus jener Epoche. Von bestimmten Typen läßt sich sagen, daß sämtliche in Museumsbesitz sind, so die Balusterkannen, die Ratskannen und die schlesischen Schleifkannen. Die letzte der gotischen Schleifkannen kam 1963 auf den Markt und es ist nicht uninteressant, ihre Geschichte zu hören, zumal der Autor an ihrem Erwerb beteiligt war.

Schleifkannen der Zeit um 1500 – sowohl die polygonalen gravierten aus Schlesien als auch die gravierten zylindrischen aus Böhmen – gehören zu den prachtvollsten Erzeugnissen deutscher Handwerkskunst. Schon im Jahre 1909 bezahlte das Berliner Kunstgewerbemuseum den sagenhaften Preis von 33 000,– Goldmark auf der Versteigerung Lanna. 1930, in einer Zeit großer Restriktion und Geldnot, zahlte der Stuttgarter Sammler Baurat Manz für eine große prachtvolle Schleifkanne aus Neiße 44 500,– RM, während die Breslauer Kanne der Bäcker von 1497 im Jahre 1865 von einem Klempner als Altmaterial im Hofe eines Lumpenhändlers für 5 Mark erworben wurde. Ein Museumsdiener, der den Klempner zufällig wegen einer Reparatur aufsuchte, machte seinen Direktor auf das Stück aufmerksam und es gelangte noch am selben Tage zum Preis von 100 Mark an das Breslauer Kunstgewerbemuseum. Heute steht die Kanne eines deutschen Meisters im Museum Narodowe in Warschau. Die Kanne der Bäcker in Schweidnitz, von der eigentlich die Rede sein soll, stammt von 1498 (Abb. 8). Sie war bis zu ihrer Versteigerung im Jahre 1930 in der Sammlung Figdor, dann blieb sie jahrzehntelang verschollen. 1963 tauchte sie auf einer Routine-Auktion des Hauses Mak van Waay in Amsterdam auf, ohne daß besondere Reklame für das unge-

Abb. 8 Schleifkanne der Bäcker zu Schweidnitz, Schweidnitz (Schlesien), datiert 1498. H. 48,7 cm. Kunstgewerbemuseum Köln

wöhnliche Stück gemacht worden wäre. Der Verfasser, damals Assistent am Kunstgewerbemuseum Köln, setzte sich dafür ein, daß diese letzte im Handel vorkommende gotische Schleifkanne für das Museum erworben wurde, was übrigens nur durch die Großzügigkeit des Sammlers Dr. Karl Ruhmann möglich wurde, der zugunsten des Museums von seiner Kaufabsicht zurücktrat. Wegen schlechten Winterwetters war die Beteiligung an der Auktion mäßig, so daß der Zuschlag bei 12 000,– holländischen Gulden an das Museum fiel – in Konkurrenz zum Brot-Museum in Ulm, das wegen der Bäckerinsignien an dem

Stück interessiert war. Der Preis von 12 000,– galt damals als Sensation; das Kunstgewerbemuseum hatte es schwer, den Betrag für das einmalige Stück aufzubringen, da niemand in Rat und Verwaltung der Stadt Köln Sinn und Verständnis für bedeutende Arbeiten des Kunsthandwerkes hatte. Man war damals sehr geneigt, Riesensummen für abstrakte Bilder auszugeben, die inzwischen in den Depotkellern verschwunden sind. Heutzutage wäre es nicht mehr möglich, daß ein Zinnobjekt von derartiger Bedeutung so ohne Aufsehen und mit geringer Anteilnahme verauktioniert würde. Sammler und Händler würden sich erbitterte Gefechte liefern und die Museen hätten es schwer, hierbei mitzuhalten, denn trotz allgemein gestiegenen Interesses für das Kunsthandwerk vergangener Zeiten sind im allgemeinen die Ankaufsetats der Museen nicht im gleichen Maße angehoben worden, wie die Preise gestiegen sind.

Von Zeit zu Zeit aber gelangen auch heute noch mittelalterliche Gefäßtypen auf den Markt. Meist sind es Grabungsfunde, die bei Straßen-, Untergrundbahn- und sonstigen Bauarbeiten entdeckt und manchmal von den Findern – entgegen den Gesetzen – nicht abgeliefert, sondern auf eigene Rechnung verkauft werden.

Auch aus alten, nicht publizierten und wenig bekannten Sammlungen oder aus zufälligem Privatbesitz tauchen solche Stücke gelegentlich auf. Zwei sogenannte Hansekannen, davon eine in Holland gefunden, wurden in den letzten zwei Jahren vom Handel angeboten (Abb. 9). Die Preise der Stücke, die verhältnismäßig stark korrodiert, aber in allen Teilen vollständig vorhanden sind, lagen zwischen 12 000,– und 15 000,– DM. Sie fanden ihren Weg zu einem Sammler, der sich bemüht, Zinngerät in seinen wichtigen Formen vom 15. bis zum 18. Jahrhundert zusammenzutragen. Daß der Erwerb von frühen Arbeiten ein starkes finanzielles Engagement erfordert, ist klar. Unnötig dürfte wohl der Hinweis sein, daß man mittelalterliche Zinnarbeiten kaum auf Trödelmärkten und selten auf Provinzauktionen findet, sondern nur bei versierten Händlern. Doch die Ausnahme bestätigt die Regel: eine spätgotische Trinkkanne norddeutschen Typs wurde vor einigen Jahren von einem Fischer in seinem Netz gefunden und an den daran interessierten Landarzt des Heimatdorfes verkauft.

Abb. 9 Hansekanne. Bodenfund aus der Nähe von Rotterdam. Niederrhein, 1. Hälfte 16. Jh. H. 21 cm. Privatsammlung

sind die großen Namen, die den Ruhm der Renaissance ausmachen. Sicherlich gab es damals eine große Vielfalt von Zinngerätschaften; ein Gedicht von Hans Sachs aus dem Jahre 1543 berichtet ziemlich weitschweifig von ihnen. In einem Buche von 1568 von Jost Amman, dem Holzschneider, und Hans Sachs, dem Dichter, das unter dem Titel „Eygentliche Beschreibung aller Stände" im Verlag Feyerabend erschien, zeigt ein Holzschnitt den Kandelgießer in seiner Werkstatt, und darin sehen wir auf einem Brett im Vordergrunde eine Anzahl von Gerätschaften, deren Typen alle schon aus der Spätgotik bekannt sind. Es ist dies alles Gebrauchsgerät für den Haushalt, und so heißt es denn auch in den Reimen des Hans Sachs: „. . . und sonst ins Hauß fast nütze Ding."

Der Sammler wird vergeblich nach solchen Stücken suchen, kaum werden sie ihm einmal in den Museen begegnen. Daß solches Gerät vorhanden war, dafür zeugen Gemälde der Zeit, auf denen dargestellt ist, wie es in den Stuben der begüterten Bürgersleute dekorativ auf Wandborden und -gestellen präsentiert wurde. Erhalten sind auch große Zunftgefäße der ersten Hälfte des 16. Jahrhunderts, vor allem aus Böhmen und Schlesien, Ratskannen aus der Schweiz, Pilgerflaschen und Kannen, die stilistisch meist noch von der Spätgotik her bestimmt sind. Das mag daran liegen, daß die Zinngießer zunächst stark der Tradition verhaftet blieben – schließlich hatten sie im ausgehenden 15. Jahrhundert ihre große Blütezeit erlebt. Und dann kam hinzu, daß die einmal angeschafften, durchweg sehr teuren Formen aus Bronze, Messing oder Stein möglichst lange weiter benutzt wurden. So erklärt es sich, daß übernommenes Formengut noch lange Zeit mitgeschleppt wurde.

Auch bei den ständig notwendigen Baggerarbeiten in Amsterdam und im übrigen Holland kommen immer wieder einmal mittelalterliche Kannen und Teller zum Vorschein, die den Weg in den Handel finden.

Zinnarbeiten aus der ersten Hälfte des 16. Jahrhunderts sind außerordentlich selten, seltener sogar, als Stücke der spätgotischen Epoche. Das ist verwunderlich, denn die Zeit von 1500 bis 1550 ist nicht nur die Ära des aufblühenden Bürgertums in Deutschland, sondern auch des Handwerks und der Künste. Nürnberg erlebte seine Glanzzeit, Dürer und Riemenschneider, Peter Vischer und Veit Stoß

Reliefzinn

Der Stilumbruch der Renaissance, den die Maler und Bildhauer in der ersten Hälfte des 16. Jahrhunderts vollzogen hatten, trat bei den Zinngießern in der Zeit um 1560 bis 1600 ein, womit sie sogleich in einen Stilbereich gerieten, der als *Manierismus* charakterisiert ist. Dabei vollzog sich nicht nur ein Wandel in den Formen des Zinngerätes, sondern auch hinsichtlich der Bedeutung. Zinngerät war bis zur Mitte des 16. Jahrhunderts stets – von einigen kirchlichen Objekten abgesehen – Gebrauchsgut gewesen. Jetzt schufen die Zinngießer eine neue Art von Zinngeschirr, das allein dem Schmuckbedürfnis diente: *Reliefzinn.* Es tauchte gleich an zwei Stellen Europas, vermutlich unabhängig voneinander auf: in Frankreich und in Nürnberg. Lyon und Montbéliard, wo der berühmteste Zinngießer aller Zeiten, François Briot, wirkte, waren die Zentren des Reliefzinns der romanischen Länder. Die frühesten Arbeiten dieser Gruppe dürften im dritten Viertel des 16. Jahrhunderts entstanden sein, Francois Briots Wirken fällt in die Zeit zwischen 1580 und 1616. Große Platten und Kannen mit außerordentlich reichem Reliefdekor, der in die Form geschnitten ist, sind die Haupttypen, Szenen aus der klassischen Mythologie und aus der biblischen Geschichte die Themen. Am bekanntesten ist die im Durchmesser 45 cm große Platte mit der Gestalt der Temperantia im Mittelfeld und die dazugehörige Kanne mit den Allegorien von Fides, Spes und Caritas, beides Arbeiten des François Briot. Sie sind in mehreren Exemplaren erhalten. 1920 zählte der Zinnforscher Karl Berling Kanne und Platte in 11 meist öffentlichen Sammlungen auf, ferner Einzelstücke in 17 Kollektionen. Im Laufe der letzten 15 Jahre waren Arbeiten von Briot nur höchst selten im Handel, vor allem nicht in Deutschland. Auch andere französische Reliefzinnarbeiten wurden kaum angeboten. Der deutsche Sammler wird wohl nicht den Ehrgeiz entwickeln, derartiges Zinn systematisch zu suchen, zumal die Preise dafür hoch sind.

In Deutschland – genauer gesagt in Nürnberg – florierte zunächst das Reliefzinn aus geätzter Form, dessen älteste Beispiele durch die mitgegossene Jahreszahl 1567 belegt sind. Sie stammen von dem Hauptmeister dieser Gattung, Nicolaus Horchhaimer, der 1561 Meister wurde (Abb. 10). Albrecht Preissensin war der andere, der diese Richtung pflegte, ihnen zur Seite standen Meister mit Notnamen,

◁ Abb. 10 Fortunaplatte. Nicolaus Horchhaimer, Nürnberg, um 1570–1590. Dm. 30 cm. Privatbesitz

Abb. 11 Temperantiaplatte. Modell von Caspar Enderlein, Nürnberg 1611, Guß von Sebald Stoy, Nürnberg, 1. Viertel 17. Jh. Dm. 46,2 cm. Kunstgewerbemuseum Köln

Erwin Hintze nennt in seinem Band „Nürnberger Zinngießer" über 60 Arbeiten aus geätzter Form. Es gehört großes Glück dazu, eine dieser Arbeiten im Handel anzutreffen. Wer solch ein Stück haben möchte, wird unter Umständen jahrzehntelang selbst mit gefülltem Geldbeutel umsonst darauf warten, vielleicht aber begegnet es ihm schon morgen. Preise zu nennen, wäre Spekulation; es gibt für solche einmaligen Objekte keine Richtlinien.

Seit 1580 wandte man sich in Nürnberg endgültig dem Reliefzinn aus geschnittener Form zu. Hier war es Caspar Enderlein, der den Hauptruhm mit seiner Kopie der Temperantiaplatte nach Briot erwarb (Abb. 11); neben ihm stand eine große Zahl weiterer Meister, die Bedeutendes auf diesem Gebiete leisteten, vor allem ist Jacob Koch II. zu nennen.

Während in Frankreich die großen Platten mit ca. 40—50 cm Durchmesser üblich waren, blieben sie in Nürnberg Ausnahme. Man kennt hier nur die Temperantia- und die Marsplatte sowie eine Variante der Temperantiaplatte mit einer Darstellung Marias als Himmelskönigin in der Mitte, alle drei von Enderlein. Merkwürdigerweise sind die Enderleinplatten, die alle seine mit in die Form geschnittenen Initialen tragen, sämtlich von anderen Nürnberger Zinngießern gegossen, deren eingeschlagene Marken sie aufweisen. Warum Enderlein nicht selbst goß, wird wohl immer ungeklärt bleiben.

Insgesamt sind 9 Arbeiten von Enderlein – Platten, zwei Kannen und kleinere Teller – bekannt, fast allein in öffentlichen Sammlungen. Es sind in den letzten Jahren im Handel einige Reliefplatten angeboten und verkauft worden, der Autor hat deren vier in Erinnerung. Die geforderten Preise lagen – je nach Erhaltungszustand – zwischen 25 000,– und 40 000,– DM.

Große Reliefschüsseln sind seit dem 19. Jahrhundert nachgeahmt und gefälscht worden. Plumpe Nachgüsse geben sich durch unscharfe Formen und großes Gewicht zu erkennen. Es gibt aber auch vorzügliche Arbeiten, die sich streng an die Vorbilder halten und vermutlich im Sand- oder Gipsabgußverfahren entstanden sind. Ferner gibt es Nachschöpfungen, die sich in Einzelheiten, z. B. durch fehlende Beischriften unter den allegorischen Figu-

der Meister der Bauerntanzplatte, der Musenplatte und der Meister mit dem Ring. Die Hochblüte dieser Technik, die sicherlich angeregt ist von den Harnischmachern und ihren reich in Ätztechnik verzierten Arbeiten, lag zwischen 1567 und 1580; mit dem Ausgang des 16. Jahrhunderts klang sie endgültig ab. Die Platten und Teller mit Darstellungen aus geätzter Form haben ein sehr eigenwilliges Stilgepräge. Die Felder mit Szenen und Figuren, meist aus der antiken Mythologie, gelegentlich aus dem zeitgenössischen Leben – Bauerntänzer und Ritter – und selten nur aus der christlichen Heilsgeschichte, sind stets aufs Äußerste angefüllt; keine Stelle bleibt leer, überall im Hintergrund befinden sich Äste, Ranken, Ornamente, Blätter, Füllwerk aller Art. Manierismus und wiederaufgenommenes gotisches Empfinden mischen sich, die Technik, auch *Holzschnittmanier* genannt, trägt zu der Eigenwilligkeit und bizarren Besonderheit des Ganzen bei.

ren, von den Vorbildern unterscheiden, sonst aber vortrefflich gestaltet sind. Die Firma August Weygang in Öhringen, die uns noch oft begegnen wird, verschickte etwa um die Jahre 1925–27 eine „Preisliste für extra alt angefertigte Zinn-Gegenstände". Im Begleittext dazu heißt es: „Anbei erhalten Sie einige Musterblätter über ganz besonders gut imit. bessere Stücke in Zinn, die ich in beschränkter Zahl und in einer Ausführung genau wie die alten unter der Bezeichnung „Extra alt angefertigt" herstelle. Der berechtigte Wunsch vieler Liebhaber und Sammler, wie bei Silber und Ölgemälden, auch in Zinn gute Copien von Stücken, die im Handel kaum zu haben oder wie die Briot- und Enderleinplatten nur um Tausende erworben werden können, zu besitzen, hat mich zur Anfertigung veranlaßt." Für „extra alt" gefertigte Gegenstände wurde ein Zuschlag von 20 Prozent verlangt. Eine Platte „von Enderlein" kostete damals 200,– RM, „Temperantia" klein gab es für 120,– RM, groß für 180,– RM und Thisbe für 200,– RM.

Ebenso selten wie die Platten aus geätzter Form sind die großen Schüsseln mit Ornamenten, die – aus geschnittener Form gegossen – von den Meistern Horchhaimer, Jacob Koch II., Hans Zatzer und Michel Hemersam d. J. stammen. Sie werden von Kennern des Reliefzinns höher geschätzt als die figürlichen Werke. Auf dem Markt sind sie nicht anzutreffen; eher findet man schon einmal einen Teller mit Arabesken aus dem Ende des 16. Jahrhunderts.

In der ersten Hälfte des 17. Jahrhunderts, genauer gesagt um 1630 „beginnt für das Nürnberger Reliefzinn ein neuer Abschnitt, der um 1680 seinen Abschluß findet". Es ist die Zeit der Reliefteller mit ca. 18–22 cm Durchmesser und den drei Hauptthemen:

1. Szenen aus dem Neuen und Alten Testament.

2. Darstellungen mit dem Kaiser in der Mitte und den Kurfürsten auf dem Rande.

3. Darstellungen mit dem Kaiser und anderen Reiterbildnissen auf dem Rande.

Verhältnismäßig häufig begegnet man den sogenannten Kurfürstentellern (Abb. 12). Sie scheinen ein Souvenir-Verkaufsschlager gewesen zu sein und verdanken ihre Entstehung der Krönung Ferdinand III. aus dem Hause

Abb. 12 Kurfürstenteller. Lorenz Appel, Nürnberg, 2. Drittel 17. Jh. Die Form stammt aus dem Besitz von Paulus Öham. Dm. 21 cm. Privatsammlung

Habsburg im Jahre 1637 zum Deutschen Kaiser. Es sind neun verschiedene Modelle mit diesem Motiv bekannt, die sich im wesentlichen durch ihre Ornamentik unterscheiden. Das Vorbild dürfte ein Teller mit dem Reiterbildnis Ferdinand II. aus dem Jahre 1630 gewesen zu sein. Die Krönungsteller verloren nichts von ihrer Beliebtheit. Sie wurden von verschiedenen Nürnberger – gelegentlich auch auswärtigen – Meistern bis ins 18. Jahrhundert aus den alten Formen gegossen. Der Sammler sollte genau prüfen, ob er ein scharfes, frühes Exemplar aus erstem Meisterbesitz oder einen späteren Abguß vor sich hat. Selbstverständlich gelten auch die Güsse des 18. Jahrhunderts als Originale, aber sie sind in ihrem Wert und ihrer Bedeutung doch den früheren Stücken nachgeordnet, zumal sie meist nicht mehr so scharf in ihren Konturen sind. Kurfürstenteller – es gibt auch Varianten mit Gustav Adolf, Eberhard von Württemberg und mit dem Türkischen

Kaiser – sind auf Auktionen und im Handel anzutreffen. Wer ein solches Stück erwerben möchte, kann noch wählerisch sein und versuchen, unter dem Angebot das beste und klarste Exemplar herauszufinden. Die Preise liegen derzeit zwischen 2 800 und 4 800,– DM. Grundsätzlich um etwa ein Fünftel niedriger liegen die Preise für Reliefteller mit religiösen Darstellungen aus der selben Zeit, oft auch von den gleichen Meistern gemacht, mit Noah, der Auferstehung und der Erschaffung Evas. Besonders schöne Erzeugnisse dieser Epoche sind die Blumenteller mit reichem Barockblumendekor auf dem breiten Rande (Abb. 13). Sie sind seltener und teurer als die Kurfürstenteller. Hauptmeister dieser Gattung war Hans Spatz.

Seit den 80er Jahren des 19. Jahrhunderts bis etwa 1930 lieferte die Firma Weygang in Öhringen Kopien oder Imitationen von Relieftellern. In einem Musterbuch, das heißt einem Angebots-Katalog von 1902 und in einer späteren Ausgabe von etwa 1925–27 werden verzeichnet: „Ein Teller mit Eberhard von Württemberg, auf dem Rande in Rundmedaillons Wappen württembergischer Städte (das Original ist übrigens kein Nürnberger Erzeugnis, sondern eine Arbeit von Johann Castolus Hunn in Calw), ein Teller mit Auferstehung Christi in der Mitte und den Kurfürsten auf dem Rande, ein Teller mit Dankopfer Noahs und schließlich ein sogenannter Lappenteller mit dem Rütlischwur. „Von diesen Relieftellern fertige ich noch weitere 4 Muster in extra alter Ausführung", heißt es dazu. Der Preis für die Imitationen betrug 1902 2,50 Goldmark, später 5,80 RM. Die Maße der Weygang-Kopien entsprechen den Originalen, doch wiegen sie meist mehr. Gewichtsangaben von Originaltellern findet man im Katalog von Hanns-Ulrich Haedeke „Zinn, Kunstgewerbemuseum der Stadt Köln, 2. Auflage 1977" – hier kann man vergleichen. Das Relief der Weygang-Imitationen ist unscharf, die Stärke der Teller ist dicker, oft – nicht immer – fehlen die Abdrehrillen auf der Rückseite. Das Abdrehen von Tellern, auch von Relieftellern, war eine Stärke der alten Nürnberger Zinngießer, sie sparten damit nicht nur Material, sondern nahmen den Stücken damit die Schwere. Allerdings konnte es passieren, daß sie beim Abdrehen zu stark herangingen und dann neigte die schwächste Stelle, nämlich die Kante zwischen Tellerrand innen und -boden zum Bruch. Spätere Reparaturen an solchen Stellen sind häufig anzutreffen; sind sie schlecht gemacht, ist dies eine Wertminderung.

Den unter den Weygang-Kopien genannten Lappentellern ist in jedem Fall besondere Vorsicht entgegenzubringen. Es handelt sich um Teller, deren Originale um 1700 in St. Gallen entstanden. Die Motive: der Tellschuß, der Rütlischwur, die Wappen der Schweizer Urkantone reizten verständlicherweise zur Nachahmung – es mögen schon damals im 17. Jahrhundert die Lappenteller eine Art Souvenir gewesen sein. Es ist wohl nicht zu kühn, wenn hier behauptet wird, daß auf 50 Lappenteller nur 1 originales Stück kommt.

Nachahmungen bzw. Kopien und Abgüsse von Relieftellern mit Kurfürsten, religiösen Darstellungen, Blumen usw. sind nicht nur von der Fa. Weygang gemacht worden, sondern auch von anderen Herstellern. Die Firma Schreiner in Nabburg liefert noch heute Kurfürstenteller, die sich jedoch als Erzeugnisse neuester Zeit zu erkennen geben.

Reliefzinn bildete den Schwerpunkt der alten Zinnsammlungen der Zeit um 1900. Es war das „Edelzinn" schlechthin und beherrschte dementsprechend die Literatur jener Jahre. Natürlich war Reliefzinn auch in den großen Zinnsammlungen vertreten, die nach dem Ersten Weltkrieg entstanden; aber längst schon hatte man sich abgewöhnt, den eindeutig wertenden Begriff „Edelzinn" zu verwenden, zur Hervorhebung etwa gegenüber dem Gebrauchszinn. Die zwanziger Jahre, bestimmt durch die neue, nüchterne Stilrichtung des Bauhauses, stellten die reine Form als absoluten Wertbegriff hin und lehrten die Menschen das Sehen neu. Als Reaktion auf Historismus und Jugendstil setzte sich eine ausgesprochene Ornamentfeindlichkeit durch und natürlich wirkte, wenngleich oft unbewußt, solche Einstellung auch auf den Sammlergeschmack.

Die Zeit nach dem Zweiten Weltkrieg war schlecht für Reliefzinn. In einem seiner ersten Aufsätze über altes Zinn schrieb der Autor im Jahre 1957 folgende Sätze: „... es werden heutzutage kaum noch hervorragende Stücke von Edelzinn ... auf dem Kunstmarkt angeboten ... Kleinere Stücke von Edelzinn aus den berühmten Werkstätten Nürnbergs, Schlesiens und Sachsens kann man schon für einige hundert Mark erwerben." In der Tat gingen damals häufig Kurfürsten-, Noah- und Auferstehungsteller der ersten Hälfte des 17. Jahrhunderts nach Aufruf mit 150,– DM ohne Gebot zurück oder erreichten mühsam den Schätzpreis. Doch schon in den nächsten Jahren sollte sich das grundlegend ändern. Wenn das allgemeine Interesse an Antiquitäten und altem Kunsthandwerk mit Beginn der sechziger Jahre allmählich stieg – und damit die Preise – so traf dies vor allem auf Zinngerät zu. Große Reliefzinnarbeiten blieben selten; tauchten sie auf, so fanden sie sogleich den Weg in die wenigen großen Sammlungen, die damals existierten: Dr. Ruhmann, Heinrich Gläntzer oder Fritz Bertram, der allerdings von Sachsen aus kaum noch in das Kunsthandelsgeschehen eingreifen konnte. Die kleineren Reliefteller der ersten Hälfte des 17. Jahrhunderts aus Nürnberg und Sachsen gelangten nun – wenn sie auftauchten – recht schnell über einige engagierte Händler zu ebenso engagierten Sammlern. Die Preise sahen jetzt anders aus als in den frühen und mittleren fünfziger Jahren. 450,– bis 600,– DM kostete ein Reliefteller um 1962, gute Erhaltung und scharfer Abdruck waren natürlich Voraussetzung. 700,– bis 800,– DM mußte man um die Mitte der sechziger Jahre bereits dafür anlegen, bis dann der Anstieg der Preise fast explosionsartig vor sich ging: 1 200,– DM Ende der sechziger, 1 800 bis 2 000,– DM Anfang der siebziger Jahre, bis zu 2 500,– DM schließlich um 1975; Forderungen von 3 500,– DM bis 4 000,– DM sind jetzt, 1980, die Regel.

Dennoch ist festzustellen: Reliefzinn wird, wie dem Autor bekannt, kaum von einem Sammler systematisch und ausschließlich gesammelt. Es ist Teil von Sammlungen, aber nicht mehr das Herzstück wie früher. Und es gibt durchaus engagierte Sammler mit Kollektionen, die auf Reliefzinn ganz verzichten.

Sächsisches Reliefzinn ist seltener als Nürnberger, es kommt kaum vor. Fälschungen sind auch hier gerade unter den niederen Deckelkrügen anzutreffen. Reliefzinn ist auch in anderen Gegenden des mittleren Europa gemacht worden, aber doch mehr sporadisch. In Straßburg fertigte man im späten 17. und frühen 18. Jahrhundert sogenannte Wöchnerinnenschüsseln, deren Griffe und Deckel reichen Reliefdekor in französischer Formensprache besitzen. Auch in Bordeaux gab es ähnliche Schüsseln, ebenso in der Schweiz. Erwähnt seien noch Reliefteller von Meister Locher in Memmingen, von Paulus Pöllinger in Regensburg, von Nikolaus Anacker in Frankfurt an der Oder, Schalen aus Iglau und Schraubflaschen mit reichem Barockblumen- oder Figurenschmuck aus Franken und Prag. Gerätschaften mit Reliefdekor dienten patrizischem und stadtbürgerlichem Schmuckbedürfnis. Als der höfische Stil Ludwig XIV. sich von Frankreich über die Nachbarländer ausbreitete, war die Zeit des Reliefzinns vorbei.

◁ Abb. 13   Blumenteller. Michael Spörl, Nürnberg, um 1650. Die Form stammt aus dem Besitz des Hans Spatz. Dm. 19,8 cm. Privatsammlung

Gebrauchsgerät im 17. und 18. Jahrhundert

Die ausführliche Behandlung des Reliefzinns darf nicht darüber hinwegtäuschen, daß diese Erzeugnisse eigentlich nur in einem relativ kleinen Zeitraum von etwa 40 bis 50 Jahren, vorwiegend in der Stadt Nürnberg, eine beherrschende Rolle spielten. Sie haben sich aber in unverhältnismäßig großer Zahl erhalten und das hat einen einleuchtenden Grund. Das Gebrauchsgerät, von dem im folgenden die Rede sein soll, wurde nach gewisser Zeit immer wieder unmodern oder durch Abnutzung, Beulen usw. unbrauchbar. Der sparsame Hausvater gab das Altmaterial dann natürlich stets zum Einschmelzen in Zahlung, wenn er neues Geschirr anschaffte. Man erinnere sich, daß der Materialwert bei Zinngerät im 17. Jahrhundert sechs Siebentel des Neupreises betrug. Reliefzinn aber wurde in der Vergangenheit, auch wenn man es geschmacklich nicht mehr goutierte, als eine Art Kunstgegenstand angesehen und blieb deshalb vom Einschmelzen eher verschont.

Bei den Hinweisen zur Markenbestimmung war geraten worden, daß der Sammler zunächst versuchen möge, den Typus des in Frage stehenden Objektes landschaftlich einzuordnen. Das geschieht mit Hilfe des Stilvergleiches, einer der wichtigsten Methoden der Kunstgeschichte. Ganz schlicht gesagt bedeutet dies, daß man im Prinzip ähnliche Stücke, deren Lokalisierung und zeitliche Einordnung bekannt ist, finden muß und dann vergleichen kann. Dazu gehört ein möglichst großer Fundus von Abbildungsmaterial, den der Sammler zu Rate ziehen kann, das heißt, er sollte über eine umfangreiche Fachbibliothek verfügen. Bei der Überlegung, wie diese Suche dem Interessenten, Sammler, Liebhaber oder Händler zu erleichtern sei, fiel dem Autor ein Büchlein aus seiner Jugend ein. Damals wollte er noch Botaniker werden, um später die Urwälder Afrikas und Südamerikas zu durchforschen. Dieses Büch-

lein hieß: ,,Was blüht denn da?'' In diesem Bändchen sind alle vorkommenden deutschen Blumen nach Farben geordnet; der junge Naturforscher schlägt die Farbe seiner gefundenen Pflanze nach, den Standort, die Blüten- und Blattform, und gelangt so systematisch zur Identifizierung. Es soll hier der Versuch gemacht werden, mit ähnlicher Methode zur Bestimmung von Zinngeräten zu kommen, wobei man aber nie vergessen darf, daß eine Menge von Unwägbarkeiten im Wege stehen können. Da Zinngegenstände – anders als Blumen – von Menschen gemacht werden, sind sie dem Willen, den Ansichten, dem Können oder Nichtkönnen, der Phantasie, der Willkürlichkeit und dem Erfindungsreichtum menschlichen Geistes ausgesetzt, man kann die Dinge in keine Systeme zwängen, man kann nur versuchen, sie zu ordnen. Die Ordnung, nach der vorgegangen werden soll, muß zunächst nach dem folgen, was verhältnismäßig am einfachsten zu erkennen ist, und das ist der Gefäßtypus. Die Gruppen heißen also: Kanne, Krug, Flasche, Schüssel, Schale, Teller, Becher, Dose, Terrine, Topf.

Bereits mit der Benennung der ersten beiden Gefäßarten beginnen die Schwierigkeiten. Die Grenzen zwischen Kanne und Krug sind fließend. Wenn man die Kanne als Schenk- und Vorratsgefäß definiert, so setzt man eine gewisse Größe voraus. Aber wer sagt uns heute, ob aus Behältnissen, die uns heute voluminös vorkommen, nicht auch getrunken worden ist. Auf der anderen Seite haben Gefäße, die wir ohne Zögern als Krüglein ansprechen, Ausgüsse, die sie als Schenkkännchen charakterisieren, z. B. Ampullen für geweihtes Wasser und Öl. Es sei vorab auf diese Schwierigkeiten hingewiesen, damit der Benutzer der Tabellen weiß, daß er unter mehreren Begriffen nachschlagen sollte.

Die Gefäßtypen werden jeweils in der Ordnung von Norden nach Süden respektive von Westen nach Osten behandelt. Innerhalb der Landschaften ist die Abfolge chronologisch.

Kannen

Kannen zum Aufbewahren von Bier, Wein und Wasser waren die wichtigsten und häufigsten Gefäße des allgemeinen Gebrauches vom Mittelalter bis in das 19. Jahrhundert. Sie waren über ganz Deutschland und natürlich auch die Nachbarstaaten verbreitet. Die einzelnen Landschaften entwickelten seit dem 14. Jahrhundert bestimmte und charakteristische Formen, die recht beharrlich an die betreffende Gegend gebunden blieben.

In einigen Exemplaren – größtenteils in Museumsbesitz – kommen die sogenannten *Hansekannen* vor, deren Name vom Verbreitungsgebiet solcher Gefäße herrührt. Die meisten Stücke entstanden im 15. und frühen 16. Jahrhundert im nördlichen Deutschland und im gesamten Küstengebiet von Holland bis Pommern, also im Haupteinflußgebiet der deutschen Hanse, einige dementsprechend auch in Skandinavien. Ihr Aufbau folgt einem bestimmten Grundprinzip: Der Fuß ist stets breit ausladend, oft niedrig, in jedem Falle aber auf große Standfestigkeit hin gearbeitet. Der Kannenboden liegt bodenparallel und ziemlich tief. Über dem Fuß erhebt sich dann der ausbauchende, gedrückt ballenförmige Körper, der wuchtig und untersetzt wirkt. Der Henkelrücken ist meist mit Ranken in Relief dekoriert. Im Boden wurden Rosetten eingelassen, oft mit dem Kruzifixus oder der thronenden Maria mit dem Kinde.

Im Laufe des 16. Jahrhunderts kam man von den untersetzten schweren Formen dieser Kanne ab und gelangte durch Strecken der Halspartie zu einem eleganteren Typus, bei dem aber einige Grundbestandteile der mittelalterlichen Vorgänger noch immer anzutreffen sind, wie z. B. der kegelstumpfartige, wenig gegliederte Standring, der ballenförmige Körper, der flache Deckel. Gegen Ende des 16. Jahrhunderts scheint die Tradition der Hansekannen endgültig zu erlöschen; das norddeutsche Gebiet wendet sich einer anderen Form zu: Der hohen, zylindrischen *Schenkkanne,* auch *Säulenkanne* genannt (Abb. 14). Cha-

Abb. 14 Schenkkanne. Jürgen Brüning, Lübeck, um 1700. H. 31,5 cm. Privatsammlung

rakteristisch ist der säulenförmige Gefäßkörper, der von überall gleichen Durchmessers ist, also keinerlei Verjüngung aufweist. Der Fuß ist scheibenartig flach, nur wenig akzentuiert, die Mündungszone leicht abgesetzt oder überhaupt nicht gegliedert. Der Henkel ist bandartig, ziemlich kräftig und einfach gebogen oder kantig. Der meist flache oder nur schwach gewölbte Deckel hat einen Mittelknopf als Abschluß oder ist ohne jede Bekrönung. In Stade bei Hamburg scheint es üblich gewesen zu sein, den Deckel kuppelig abgestuft zu bilden und mit Kugeln oder wie gedrechselt wirkenden kugeligen Knäufen zu bilden. Die frühesten dieser Säulenkannen sind aus dem Anfang des 17. Jahrhunderts bezeugt, oft haben sie Inschriften, aus denen hervorgeht, daß sie als Zunftgefäße dienten. Die Tradition ging weit bis ins 19. Jahrhundert hinein. Das größte bekannte Exemplar ist 61 cm hoch. Es gibt jedoch auch kleine Beispiele von nur 14 cm Höhe, die eindeutig als Trinkkrüge anzusehen sind. Bei diesem Typus liegt einer der Fälle vor, wo sich die Grenzen zwischen Schenk- und Trinkgefäß verwischen. Norddeutsche Säulenschenkkannen sind im Handel und auch sonst öfter anzutreffen. Der Kreis ihrer Sammler und Liebhaber dürfte vorwiegend in ihren Heimatbereichen liegen. Da diesen ernsten, schweren Gefäßen das Gefällige abgeht, sind sie von Imitationen der Zeit um 1900 anscheinend verschont geblieben.

Frühe Schenkkannen aus der Mark Brandenburg stehen der Säulenform der norddeutschen Gefäße sehr nahe. Der eigentliche, eigenständige Typus der brandenburgischen und märkischen Schenkkannen des 17. Jahrhunderts ist jedoch eleganter. Bei ihnen schwingt der Gefäßmantel in der Fußzone leicht aus, entweder ohne oder mit flachem Fußring, und diese sehr harmonische Schwingung findet ihr Gegenspiel in der sanften Ausbiegung der Mündungsregion. Der Deckel, mit leichter konkaver Schwingung sacht ansteigend, entspricht dem außerordentlichen Wohlklang der übrigen Maßverhältnisse.

Die *Balusterkannen* Brandenburgs sind schon kurz erwähnt worden; es gibt davon kaum ein halbes Dutzend und nur der Zufall würde eine weitere zutage bringen.

Die alten, deutsch bestimmten Kulturlandschaften Ost- und Westpreußen brachten ebenfalls viel Zinngerät hervor, das in seinen Formen den Werken der übrigen deutschen Nord- und Ostseegebiete entspricht (Abb. 15).

Wenden wir uns vom nördlichen Osten wieder nach Westen, beginnend in der Gegend von Köln. Hier waren im 15. Jahrhundert besonders die Feldflaschen verbreitet, die jedoch in einem besonderen Abschnitt behandelt werden sollen. Im 17. Jahrhundert gab es zwei Gruppen von Schenkgefäßen. Die einen fanden hauptsächlich als *Rats- oder Zunftkannen* Verwendung, sie dürften wohl von niederländischen Vorbildern abhängig sein. Diese Ratskannen sind ebenso selten wie die in Köln seit dem 15. Jahr-

Abb. 15 Schenkkanne. Carl Frantz, Danzig, um 1675–1680. H. 31,7 cm. Privatbesitz

hundert bezeugten und seit dem 17. Jahrhundert in mehreren Exemplaren erhaltenen gefußten Kannen. Deren Charakteristikum ist ein schlankes Schaftstück über einem Tellerfuß, ein ballenförmiger Körper und ein hoher schlanker Hals sowie ein gewölbter Deckel.

Was das Herz des Sammlers höher schlagen läßt, sind die *Kölner Kannen* (Abb. 16). Ihr Typ ist unverkennbar: Scheibenfuß, kurzes, zylindrisches, breites Schaftstück, gedrückter Ballenkörper, schlanker hoher Hals, abgesetzte Mündungszone, flacher, planer Deckel mit aufliegender Zunge des Deckeldrückers und meist einer runden niedri-

Abb. 16 Kölner Kanne. Martin Klaasmann, Köln, zwischen 1695 und 1725. H. 30,5 cm. Privatbesitz

besonders von holländischen Händlern, bei denen sie beliebt und öfter anzutreffen sind – Preise zwischen 7 000 und 10 000 Gulden gefordert, wobei verlangen und bekommen zweierlei ist. Dem Autor ist eine 10 000-Gulden-Kanne als treuer Gast von der Delfter Messe her vertraut, Jahr um Jahr wiederkehrend; aber auch sie wird eines Tages ihren Liebhaber finden.

Kölner Kannen waren nicht nur auf die Stadt Köln beschränkt. Auch aus Werkstätten des 18. Jahrhunderts in Bonn, Düsseldorf, Moers (Abb. 17), Aachen, Siegen, Dortmund sind Kannen dieses Typs bezeugt, wobei kleine Besonderheiten wie z. B. die Deckelform oder die Deckelbekrönung oder der Fuß das lokal Eigentümliche kennzeichnen können, jedoch nicht müssen. Sicher würden Nachforschungen auch aus anderen Städten im kleineren und größeren Umkreis Kölns Kannen vom Kölner Typus zutage fördern. Noch ist nicht genau geklärt, wie weit der Formeneinfluß Kölns reichte.

Abb. 17 „Kölner" Kanne. Moers, Anfang 18. Jh. H. 14,5 cm. Privatbesitz

gen Platte – einer Münze ähnlich – in der Mitte. Kölner Kannen waren stets gesucht, sie gingen auf Auktionen nie zurück, nur – welche Preisentwicklung haben sie durchgemacht! In den fünfziger Jahren konnte ein inzwischen auf anderen Gebieten zu Weltruhm gelangter Sammler Dutzende solcher Kannen zusammentragen, um seine Küche zu dekorieren. Mehr als 100 bis 200 DM brauchte er damals wohl nicht anzulegen. Als die Kölner Kannen im Laufe der sechziger Jahre bis auf 1 000 DM stiegen, hielt mancher den Gipfel bereits erklommen. Doch die Preise kletterten weiter und weiter und es werden inzwischen –

Wann die frühesten Kölner Kannen entstanden, läßt sich nicht genau festlegen, man wird sich mit der Vermutung „17. Jahrhundert" zufriedengeben müssen. Die meisten stammen aus dem 18. Jahrhundert. Weisen sie Kölner Marken auf, dann ist die Datierung erleichtert. Die Zahl 95, meist im Unterteil der stets Stadt- und Meisterzeichen in einem Schild aufweisenden Marke, bezieht sich auf eine Kölner Ordnung von 1695. Dann ist das Stück also nach 1695 entstanden, jedoch vor 1725, als nämlich eine neue Ordnung in Kraft trat, die das Anbringen der Ziffern 25 verlangte. Kölner Marken ohne Jahreszahl weisen in die Zeit vor 1695, solche mit den Ziffern 25 in die Zeit nach 1725. Länger als bis in das dritte Viertel des 18. Jahrhunderts scheint man Kölner Kannen nicht hergestellt zu haben.

Obwohl als Schenkgefäß gedacht und deshalb nur auf größeres Raummaß angelegt, gibt es auch kleine Exemplare, nicht höher als 7 cm. Ob man aus ihnen Schnaps geschenkt hat – möglich wäre es. Die größten dieser Kannen kommen auf 30 cm, etwa 18 Abstufungen liegen dazwischen. Ähnliche Kannentypen kennt man aus zwei Gegenden: aus den Niederlanden und aus der Schweiz einschließlich dem südlichen Baden, doch wird man beim näheren Hinsehen sogleich die Unterschiede bemerken: bei den holländischen Kannen ist der Fußring entweder gar nicht vorhanden oder nur schwach ausgeprägt, der Körper gedrückter, der Deckel gewölbt; bei den Schweizer Kannen ist nur selten das untere Schaftstück zylindrisch und dann meist nur kurz; die vom Deckeldrücker auf den flachen Deckel führende Zunge ist hoch und blockhaft, der Deckeldrücker stets in Form von Eicheln, es ist nie die charakteristische Bandvolute.

Noch ein Wort zu den Bezugsquellen, die dem Sammler offenstehen, vorausgesetzt, er scheut größere Ausgaben nicht. Die holländischen Händler wurden schon erwähnt; natürlich pflegen auch einige Kölner Händler dieses Gebiet und man kann bei ihnen fündig werden. Auf den rheinischen Auktionen sind die ortsansässigen Händler selbstverständlich immer vertreten und sorgen dafür, daß keine Kölner Kanne unerkannt und billig weggeht. Deshalb können es sich die Kölner Auktionshäuser auch leisten, die Kölner Kannen mit oft lächerlich niedrigen Ansätzen in den Katalog zu nehmen – ihren hohen Preis erreichen sie alle-

mal. Der von weither angereiste Interessent, der sich vielleicht Hoffnung auf eine günstige Entdeckung gemacht hat, wird entweder enttäuscht abziehen oder sich am Bietgefecht beteiligen müssen. Früher war es noch möglich, im Moselgebiet Kölner Kannen aus dem Privatbesitz von Weinbauern zu entdecken, denn dorthin hat im 18. Jahrhundert ein reger Export stattgefunden. Diese Möglichkeit besteht leider schon längst nicht mehr.

Die östlich an das Rheinland grenzenden Gegenden scheinen, soweit der Forschung bisher bekannt, keine besonderen Kannentypen hervorgebracht zu haben; auch sonst scheint die Zinnproduktion im Sauerland, im Siegerland, in Nordhessen und im Harz nicht besonders lebhaft gewesen zu sein.

In der Provinz Sachsen, in Thüringen und im alten Königreich Sachsen treten charakteristische Typen von Schenkgefäßen hervor. Die bedeutendsten – fast alle im Museumsbesitz befindlich – sind die großen, in einigen Exemplaren mit Reliefs geschmückten sächsischen Zunftkannen. Etwas häufiger sind Zunftgefäße anzutreffen mit säulenartigem schwerem Körper, der sich leicht nach oben verjüngt und durch horizontale Profilreifen in Fuß- und Mündungszone gegliedert ist (Abb. 18). Gravierungen und Punzengliederungen schmücken die Wandungen. Dieser Typus der großen, mehr oder minder konisch gestalteten Zunft- oder Schleifkannen ist nicht spezifisch für Sachsen, man trifft ihn auch im südlichen Deutschland sowie in Schlesien, Böhmen und Mähren an.

Von den Schleifkannen gilt bereits im 17. Jahrhundert das, was im 18. Jahrhundert auch von anderen Gerätschaften zu sagen ist: die regionalen Unterschiede verwischen sich, das Formgut kann wandern und an mehreren Stellen Deutschlands zugleich auftreten, so daß allein anhand von Stilmerkmalen keine lokalen Zuschreibungen mehr möglich sind. Deshalb sollen an dieser Stelle die großen Schenkkannen, auch die der Zünfte, aus dem gesamten deutschsprachigen Gebiet behandelt werden; vor allem sei auf einiges hingewiesen, das beachtet werden muß, um echt von falsch unterscheiden zu können.

Große Schleifkannen der Zünfte werden von Sammlern hochgeschätzt und hochbezahlt, denn sie verkörpern nicht nur ein Kapitel deutscher Zunftherrlichkeit, sondern sind sehr ausdrucksstarke und durchweg meisterhaft gearbeitete Zeugnisse barocker Zinngießerkunst. Das findet man nicht nur heute, sondern man empfand es auch so vor etwa hundert Jahren und deshalb schuf man damals gern „Zunfthumpen" in diesem Stile. Das Titelbild des schon zitierten Musterbuches der Firma Weygang in Öhringen wird von einem solchen Humpen geschmückt, noch viel prachtvoller aber ist das Exemplar Nr. 670 auf Tafel 2 des Musterbuches: „Inhalt 5½ Liter, 65 cm hoch; ganz außergewöhnlich großes Stück mit Messinghahnen, kann mit verschiedenen Handwerkszeichen oder Wappen geliefert

werden" (Abb. 19). Und ganz ungeniert ist auf dem abgebildeten Musterstück die Jahreszahl 1660 eingraviert sowie eine längere Inschrift mit Namen von Zunftmeistern, wodurch Vertrauen erweckt werden soll. Ein angehefteter Wappenschild und ein auf dem Deckel sitzender Löwe mit Schild in den Klauen sollen ebenfalls das Stück glaubhaft machen. Eigentümlich ist bei allen diesen oft langatmigen Schreibereien der Umstand, daß wohl Namen, auch Standesbezeichnungen wie „Altgesell", „Eldermeister", „Vorgeher" angeführt werden, aber so gut wie nie Orte. Dann nämlich würde bei einer Rückfrage im Archiv der betreffenden Stadt die Wahrheit gar bald herauskommen. Die auf angehefteten Schilden oder auf dem Gefäßkörper eingravierte Schrift ist von ihrem Duktus her meist nicht schlecht gelungen. Sowohl die Buchstaben als auch die Jahreszahlen halten sich strikt an alte Vorbilder und können leicht täuschen. Aber wenn man sich einmal die Handschrift der Nachahmer eingeprägt hat, wird man sie leicht wiedererkennen. Außer Nr. 670 – sie kostete übri-

◁ Abb. 18   Schleifkanne der Barettmacher. Ambrosius Naumann, Kamenz (Sachsen), datiert 1673. H. 55 cm. Privatsammlung Bielefeld

Abb. 19   „Große Kanne".
Katalog der Firma Weygang.
H. 65 cm

gens damals um 1925 110 RM – gibt es im Angebot noch die Kanne Nr. 406 mit 3¹/₂ Liter Inhalt und 54 cm Höhe, „handgraviert in verschiedenen Zünften". Auch hier gilt, was schon einmal gesagt wurde: die Firma Weygang war nicht die einzige, die um die Jahrhundertwende ein breites Angebot bereithielt, um romantische Wünsche von Handwerkerstammtischen, wiederbelebten Innungen und altdeutschen Inneneinrichtern zu erfüllen. Man vergesse nicht, daß diese Imitationen mittlerweile auch schon ein Alter von 70 bis 100 Jahren haben und die Alters- und Gebrauchsspuren, die Patina, dementsprechend sind. Auf mehreren Auktionen in Köln, wo größere Mengen von Weygang-Zinn als solches angeboten wurden, gingen diese Stücke zu Preisen um 400 bis 1 000 DM weg. Noch vor 10 Jahren wäre das Angebot solchen Zinns vom Sammlerpublikum mit Mißvergnügen zurückgewiesen worden – zu Recht, wie der Autor meint. Zwar: Man hat in den letzten 10 Jahren gelernt und verstanden, daß die bis dahin ungeliebte und verachtete Epoche des Historismus ihre Existenzberechtigung hat und daß sie nun einmal ebenso zu unserer deutschen (und europäischen) Vergangenheit gehört, wie die Hoch-Zeiten von Renaissance und Barock. Man hat sich damit abgefunden, daß die kunstgewerblichen Erzeugnisse in Neu-Romanik, Neu-Renaissance, Neu-Barock, Neu-Rokoko und wie die Stilrezeptionen alle heißen, zumindest als Zeugnisse des Zeitgeistes ihre Würdigung erfahren, manche von ihnen sogar Anerkennung als Kunstwerke. Aber es ist und bleibt fragwürdig, wenn nicht nur der Stil früherer Epochen kopiert, imitiert, wiederaufgenommen und rezipiert wird, sondern wenn dabei mit fälschlichen Inschriften und fälschenden Jahreszahlen etwas vorgespiegelt wird, was nicht Wahrheit, sondern Lüge, nämlich Geschichtslüge ist. In diesem Augenblick wird selbst wohlgemeinte handwerkliche Arbeit gerichtet, gerichtet durch sich selbst. Der ernsthafte Sammler kann an solchen Stücken keine Freude haben, er kann ihnen sein Interesse, sein historisches Engagement nicht widmen. Sie sollen das bleiben, was sie von Anfang an gewesen und wofür sie gedacht waren: Dekorationsware für Heimschmücker.

Um die Schenkkannen weiter zu verfolgen – die Trinkkrüge kommen in einem späteren Kapitel – wenden wir uns von Sachsen, Böhmen und Mähren wieder nach Westen, zunächst nach Frankfurt. Obwohl Frankfurt eine bedeutende Stadt war und Handelszentrum einer der großen Messen Deutschlands, ist seine Produktion von Zinngerät – wenigstens bis ins 18. Jahrhundert – nicht sehr charakteristisch und wohl auch nicht allzu umfangreich. Erst seit dem zweiten Viertel des 18. Jahrhunderts gibt es Werkstätten mit großer Produktion und Export bis weit nach Süden, Osten und Westen. Aus dieser Zeit stammen die sogenannten *Abendmahlkannen,* deren Typus in Hessen bekannt war, aber auch in Württemberg und dort vermutlich früher und zahlreicher vorkamen (Abb. 20). Die charakteristischen Formelemente dieser Kannen sind der runde, gewölbte und profilierte Tellerfuß, der sich darauf erhebende kurze Schaft, der birnenförmige, kugelige oder gedrückt

ballenförmige Leib, der schlanke hohe Hals und der auskragende Lippenrand. Zum Bild der Abendmahlkannen gehört der angesetzte Ausguß, dessen Umriß stets reich geschweift ist. Der abgetreppte, oben meist abgeflachte Deckel schließt den Ausguß mit einer Art Zunge, die an ihrer Spitze oft nasenartig nach oben geschweift ist. Der Begriff „Abendmahlkanne" hat sich eingebürgert, obwohl er nur für den geringsten Teil der solcherart gestalteten Gefäße zutrifft. Vermutlich war der Gebrauch als kirchliches Gerät die Ausnahme, die Verwendung als Schenkgefäß die Regel. Aber trotz besserer Einsicht und besseren Wissens wird sich der Ausdruck „Abendmahlkanne" wohl weiterhin zäh halten, er ist ja auch bequemer und vor allem einprägsamer als eine Neuformulierung, etwa wie „Württembergisch-Hessische Schenkkanne mit kurzem Schaft". Bei einer Gruppe von kleineren Schenkgefäßen, wo das kurze Schaftstück der Abendmahlkanne zu einer bloßen Einschnürung verkümmert ist, könnte man von einer Variante oder Abwandlung des Typs sprechen. Die Nähe zum Birnkrug ist nicht zu übersehen.

Mit den Abendmahlkannen sind wir von Frankfurt bereits in den süddeutschen Raum gelenkt worden, doch soll der Blick wenigstens kurz auf einer sehr schönen, frühen und für den Sammler schier unerreichbaren Gruppe verweilen: auf den mainfränkischen Kannen, die zeitlich wie die Hansekannen anzusetzen sind, die dabei aber den tiefgehenden Unterschied zwischen norddeutschem und süddeutschem Formempfinden dokumentieren, zugleich den Unterschied zwischen germanischer und lateinisch beeinflußter Welt, zwischen Biertrinkern und Weintrinkern. Die mainfränkischen Kannen haben keinen abgesetzten Fuß, über einem zylindrischen Unterteil baucht sich ein ballenförmiger Körper, der wiederum einen langen schlanken Hals trägt. Der Deckel ist meist sehr flach gewölbt. Dieser Kannentyp ist anscheinend nur bis ins 16. Jahrhundert gebräuchlich gewesen und fand keine Nachfolge. Im deutschen und Schweizer Kunsthandel geisterte vor einigen Jahren eine Kanne dieses Typs umher, sie trug auf dem

Henkel eine vertrauenerweckend aussehende Marke, im Boden eine – an den Rändern ausgefranste – Plakette mit der Kreuzigung und im Deckel eine Rosette (Abb. 115). Trotz vorzüglicher Stilisierung, trotz alt wirkender Oberfläche und Patina konnte sich kein Experte entschließen, das Stück als echt anzuerkennen.

In Franken gelangen wir in das Gebiet der *Stitzen,* einer typisch süddeutschen Art von Schenkgefäßen, die bei Sammlern sehr beliebt sind und verhältnismäßig oft angeboten werden. Stitzen sind nicht allein auf Franken beschränkt, sie finden sich auch im Elsaß (Abb. 21), in Württemberg, in Oberbayern, in Österreich, im Innviertel, in Tirol, in der Nord- und Ostschweiz. Charakteristisch ist für

◁ Abb. 20 Abendmahlkanne. Gabriel Syren, Frankfurt, um 1730. H. 41,5 cm. Privatsammlung

Abb. 21 Stitze. Johann Wilhelm Schatz d. Ä., Straßburg, um ▷ 1700. H. 27,5 cm. Privatbesitz

alle das Ausschwingen des Gefäßmantels nach unten; im übrigen sind die Möglichkeiten der Variation außerordentlich. Es gibt Stitzen von schlanker und von gedrungener Proportion, hoch und nieder, mit und ohne Fußabsetzung, mit und ohne horizontale Ring- oder Rillenprofile, mit und ohne Ausguß (solche mit Ausguß nennt man in der Schweiz *Schnabelstitzen*) mit rundem und herzförmigem Deckel, mit flachem und gewölbtem Deckel, mit und ohne Bekrönung desselben, mit unterschiedlichem Deckeldrükker – meist in Bandform, glatt und graviert, große und kleine. Anhand bestimmter Eigentümlichkeiten lassen sich viele Stitzen genau lokalisieren: nach Basel, nach Zofingen oder nach Zürich, nach dem Elsaß, nach Ulm, nach München, nach Augsburg – der Lokalforschung bleibt es überlassen, die einzelnen Kriterien herauszuarbeiten. Es gibt wunderschöne, aber es gibt auch ärmliche, mißratene Stitzen. Bei den doch immerhin noch bestehenden Möglichkeiten, auf dem Kunstmarkt Stitzen zu finden, sollte der Sammler versuchen, ein wirklich schönes Stück auszuwählen. Die Kriterien der Schönheit ließen sich beschreiben, es wäre umständlich und gäbe vielleicht doch nicht das Unaussprechliche wieder, welches das Flair eines Zinnstückes ausmacht.

Und so muß es dem Sammler überlassen bleiben, wie er sich mit jedem Stück auseinandersetzt und wie er entscheidet. Wieder muß ein Wermutstropfen in die Begeisterung gegossen werden: Stitzen sind zu Tausenden nachgeahmt worden. Allein die Firma Weygang hat vor etwa 60 Jahren fast 30 Modelle unterschiedlicher Größe und Ausführung vom Typus Stitze angefertigt (Abb. 22). Und da diese traditionsreiche und äußerst fähige Firma handwerklich vortreffliche Arbeit leistete, ist es nicht immer leicht, deren Erzeugnisse als Werke jüngerer Zeit zu erkennen. Man kann eigntlich nur den Rat geben, ausschließlich durch Marken gesicherte Stitzen zu kaufen, es sei denn, man hat jahrzehntelange Erfahrung und ist sich bei einem in Frage stehenden Stück absolut sicher. Viele der imitierten Stitzen bestehen oft aus dünnem, blechartigem Zinn, das sich schon durch seinen unsoliden Klang zu erkennen gibt; dann ist es leicht, sie als Nachahmung zu erkennen. Aber wie gesagt, es gibt auch blecherne Originale des 18. Jahrhunderts. Die müssen dann wenigstens eindeutige Marken haben, sonst läßt man die Hände weg vom Kauf.

Abb. 22 „Hohenloher Kanne". Katalog der Firma Weygang. H. 36 cm

In der Schweiz gibt es zwei besonders charakteristische Kannentypen: die *Stegkanne* und die *Glockenkanne*. Erstere hat einen hohen Schüsselfuß, rundlichen Körper, schlanken zylindrischen Hals und kuppeligen Klappdeckel mit bekrönendem profilierten Knopf (Abb. 23). Der Henkel ist bandartig flach, vom Typ des Kniehenkels. Am Kugelbauch ist ein schräg aufrecht strebender Röhrenausguß angesetzt, der von einem fast horizontalen Steg, manchmal in Form eines Armes, gehalten wird. Bern war der Hauptort, wo im 18. Jahrhundert zahlreiche Stegkannen gemacht wurden, einige stammen aus Zofingen oder Vevey. Anders als in Deutschland ist in der Schweiz die handwerkliche Tradition im 19. Jahrhundert nicht so abrupt abgeschnitten worden zugunsten einer Industrialisierung. Aus diesem Grunde florierten alte Zinngießerwerkstätten ununterbrochen seit dem 17. und 18. Jahrhundert, teilwei-

Abb. 24 Stegkanne. Katalog der Firma Weygang. H. 32 cm bzw. 39 cm

Abb. 23 Stegkanne. Daniel Hemman, Bern um 1725. H. 31 cm. Privatsammlung

oben in einen vertikal gestellten starren Tragring. Als Ausguß dient eine oben am Körper schräg angesetzte kantige Röhre mit Klapp-, seltener Schraubdeckelchen. Oben seitlich an der Gefäßwandung befindet sich oft ein aufgesetzter Schild, in den sich die wappenfreudigen Schweizer Besitzer ihre Wappen oder – falls nicht vorhanden – Initialen gravieren lassen konnten. Vielfach finden sich Bodenrosetten. Wie die Stegkannen sind auch Glockenkannen während des ganzen 19. Jahrhunderts zum Teil aus alten Formen gegossen worden, so daß die Übergänge zwischen altem und als neu zu betrachtendem Zinn fließend sind.

Abb. 25 Glockenkanne. Johann Baptista Ernst, Lindau, um 1750. H. 32 cm. Privatsammlung

se bis in unsere Zeit. Es war nur natürlich, daß sie aus den alten Formen immer noch Stegkannen und anderes Gerät gossen und verkauften. So gibt es heute zahlreiche Stükke aus alter Form, die keine 100 und keine 50 Jahre alt sind. Der Sammler sollte das wissen und beim Kauf und beim Preis berücksichtigen. Deutsche Firmen des Historismus boten stattliche Exemplare an. Man erkennt sie an den oft sehr steifen, kantig abgeknickten Kniehenkeln (Abb. 24).

Glockenkannen sind eigentlich eine Art Flaschen. Auf Gemälden des 15. Jahrhunderts sind sie mehrfach dargestellt worden; erhalten hat sich aus dieser frühen Zeit kein einziges Stück. Erst in der zweiten Hälfte des 17. Jahrhunderts treten sie wieder auf und zwar in der Nord- und Ostschweiz und im Bodenseegebiet (Abb. 25). Der Gefäßkörper hat runden Querschnitt und schwingt nach unten glockenartig mehr oder weniger stark aus. Der Deckel, der einen Bajonett- oder Schraubverschluß hat, mündet nach

Auch deutsche Firmen boten um 1900 Glockenkannen an, Weygang lieferte zwei Modelle, 23 und 34 cm hoch (Abb. 26).

Nicht unerwähnt sollen die gefußten Kannen und die Feldflaschen bleiben. Beides sind Schenkgefäße. Die gefußten Kannen hatten ihre erste Blütezeit im ausgehenden 15. Jahrhundert – erhaltene Originale sind an einer Hand abzuzählen, Darstellungen auf Gemälden zahlreicher. Ihre zweite Blüte erlebten sie in der ersten Hälfte des 17. Jahrhunderts, wo sie in der Gegend von Köln, in Franken (Abb. 27) und vereinzelt in Österreich vorkamen. Die dritte,

Abb. 27 Gefußte Kanne mit Wappen der Stadt Amberg. Nürnberg, um 1520. H. 49 cm. Ehemals Slg. Manz, Stuttgart, im Kriege zerstört

Abb. 26 Glockenkanne. ▷
Katalog der Firma Weygang.
H. 34,5 cm

Abb. 28 Gefußte Kanne.
Firma Weygang, Öhringen,
Anfang 20. Jh. H. 61 cm.
Kunsthandel ▽

taube Blüte fällt in die Zeit des Historismus, wo wiederum Weygang Varianten aus einer Grundform mit 3 Litern Fassungsvermögen anbietet, nach Wunsch geschmückt mit Wappenschilden, Gravierungen, Deckelfiguren (Abb. 28), aber auch mit Handwerkerdarstellungen in der Art der sogenannten *Nischenkannen*, die im langen Hals des Gefäßes eingebaut sind. Eine Warnung vor diesen gefußten Kannen braucht man nicht extra auszusprechen. Die das Hackebeil oder die Schapfe (der Bierbrauer) schwingenden Löwen, die Rittersleut' auf dem Deckel oder gar die fleißigen (Handwerker-)heinzelmännchen in den Nischen verraten auch dem unkundigen Betrachter alsbald die Herkunft aus der Zeit des Historismus.

Flaschen

Feldflaschen waren im 15. und 16. Jahrhundert vor allem am Niederrhein und auch am Oberrhein anzutreffen. Es gibt einfache Typen mit eckigen Ösen zum Befestigen der Trageschnur, weitem Ausguß und einfacher Standplatte und solche mit Henkel, Klappdeckel und hochgezogenem Pyramidenfuß (Abb. 29). Sie sind so gut wie nie im Handel, gelungene Fälschungen sind selten. Dafür sind „flache Kannen, besonders für schmale Humpenbretter geeignet" aus dem Angebot der Firmen um so häufiger. Meist haben sie einen häßlichen kantigen Bandhenkel und gravierte oder gegossene Wappen (Abb. 30). Sie sind also nicht schwer zu erkennen.

An dieser Stelle ist jener großen Gruppe von Gefäßen zu gedenken, die in älterer Zeit durchweg als Flaschen bezeichnet wurden und die über ganz Europa verbreitet sind. Man wird nur an einigen, meist besonders schön dekorierten Exemplaren eine lokale Zuordnung vornehmen können. Viele bleiben anonym, weil sie auch schon in früherer Zeit nicht gemarkt wurden. Als Typus sind sie charakterisiert durch einen Schraubverschluß auf ihrer meist flachen Oberseite. Ansonsten gibt es zahlreiche Variationen. Der Gefäßkörper kann einen runden Querschnitt haben und walzenförmig oder konisch verlaufen, er kann kantig sein mit vier, sechs und acht Seiten von jeweils gleicher Breite, aber gelegentlich auch vierseitig mit zwei breiten und zwei schmalen Seiten und abgerundeten Schultern. Es gibt

Abb. 29 Ratskanne der Stadt Köln in Form einer Feldflasche. Köln, datiert 1716. H. 52 cm. Kölnisches Stadtmuseum

auch Schraubflaschen in Buchform, mit ornamentalen Gravierungen. Diese Flaschen wurden mit heißem Wasser gefüllt und im Winter mit zum Kirchgang genommen; während der Predigt konnte man sich daran die Hände wärmen. Die Zahl der echten Exemplare läßt sich an den Fingern einer Hand abzählen, die Kopien dagegen sind zahlreich.

Neben den einfachen Schraubflaschen mit glatten Wandungen, die als Vorratsgefäße für die Reise benutzt und zur Arbeit auf dem Felde mitgenommen wurden, gab es Exemplare, die reicher und kunstvoller ausgeführt waren.

Abb. 30   Feldflasche. Firma Weygang, Öhringen, Anfang 20. Jh. H. 26 cm. Kunsthandel

Manche haben rhombisch versetzte Wandungen, andere längs-konkave Seiten, schraubenartige Züge (Abb. 31) oder Kombinationen aus diesen Variationen. Besonders kostbare Stücke – vor allem aus Nürnberg und Franken – sind mit barocken Reliefblumen (Abb. 32) oder Relieffiguren geschmückt. Der gravierte Dekor reicht von einfachen Initialenritzungen über geflechelte volkstümliche Motive bis zu feinsten Renaissanceornamenten.

Schraubflaschen sind nicht selten, aber meist problematisch. Stücke, die einen guten Eindruck machen und gute Marken haben, die man anhand der Literatur auflösen kann, sollten dem Sammler am liebsten sein. Es gibt aber auch gute alte Schraubflaschen aus dem 18. und frühen 19. Jahrhundert, die keine Marken aufweisen. Das hat seinen Grund. In ganz Deutschland, vor allem aber in den südlichen, katholischen Gegenden und in Österreich traten seit dem 18. Jahrhundert wandernde Zinngießer italienischer Herkunft auf, die den einheimischen zünftigen Meistern Konkurrenz machten.

Natürlich wehrten sich die Zünfte dagegen, und so blieb den reisenden italienischen Zinngießern oft nichts anderes übrig als Flickarbeit zu tun, Löffel zu gießen – die hießen auf italienisch „cazza", daher kommt die Bezeichnung Katzelmacher – und aus Zinnplatten Flaschen zu formen. Gemarkt sind diese Flaschen nicht, denn die Hersteller waren ja nicht zünftig und durften keine Stempel führen. Alte Schraubflaschen erkennt man an ihren Gebrauchsspuren, vor allem unter dem Boden, wo sie hunderte von Malen hin- und hergeschoben wurden, und man findet Dellen und starke Abnutzung an den Stellen, wo der bewegliche Henkel des Schraubverschlusses aufschlägt.

Abb. 31   Schraubflasche. Hans Albrecht Ernst, Nürnberg, um 1700. H. 27 cm. Privatbesitz

Es gibt eine große Menge von Imitationen aus dem 19. und 20. Jahrhundert, die mehr oder minder sorgfältig hergestellt sind (Abb. 33). Die Zinnfirmen aus der Zeit des Historismus arbeiteten gut und lieferten teilweise prächtige Stücke mit üppigen Gravierungen, prismatischen konkaven und geschraubten Wandungen und was das altdeutsch gesonnene Herz sonst noch begehrte. Die Erzeugnisse unserer Tage — man kann sie in gewissen Läden um den Viktualienmarkt in München, in Kaufhäusern und bei romantischen Inneneinrichtungshäusern finden — sind lieblos gemacht, oft aus dumpfigem, blei-grauem Material oder mit künstlicher Patina. Der Sammler wird sie

◁ Abb. 33   Schraubflasche.
Katalog der Firma Weygang. H. 30 cm

Abb. 32 Schraubflasche. Abraham Mayer, Nürnberg, um 1700–1740. H. 27 cm. Privatbesitz

leicht erkennen, aber weniger leicht ist die Entscheidung bei den Schraubflaschen des Historismus. Wer ganz sicher gehen will, sollte bei dieser Gattung nur gesicherte, das heißt gemarkte Stücke sammeln.

In Sachsen war eine besondere Gattung von Flaschen beliebt, die vor allem in der ersten Hälfte des 19. Jahrhunderts florierte. Es sind die sogenannten *Erntekannen,* die so heißen, weil sie als Vorratsgefäß mit aufs Feld genommen wurden. Ihr zylindrischer oder prismatischer Körper hat eine flache bis horizontale Schulter und wird mit einem Schraubdeckel verschlossen (Abb. 34). Da die Erntekannen aber Henkel und Ausgußtülle besitzen und da es auch solche mit Riegelverschluß gibt, werden sie meist zu den Kannen gezählt. Sie sind sehr typisch für Sachsen und das Vogtland und unverwechselbar, häufig weisen sie Gravierungen auf, manchmal sehr reiche und feine. Beliebt war das sächsische Wappen. Nicht selten ist es, daß gegen Ende des 19. Jahrhunderts Dekor auf alten Erntekannen in fälschender Absicht angebracht wurde, auch wurden von einigen sächsischen Zinngießer-Firmen Erntekannen nachgeahmt. Neuerdings gehören auch *Wärmflaschen* zu den gesammelten Objekten. Manche Sammler geben bis 300 DM dafür aus.

Auf unserem Wege durch die deutschen und deutschsprachigen Landschaften haben wir die wichtigsten Kannentypen erwähnt, aber längst nicht alle. Der Variantenreichtum ist groß und es würde Bände füllen, jedes Schenkgefäß zu

Abb. 34 Erntekanne. Johann Gottlieb Flach, Eibenstock, datiert 1836. H. 30 cm. Privatsammlung Sachsen

Rostock und Wismar sind die Hauptherstellungsorte dieser gesuchten Gefäße. Sie sind unverkennbar: Auf einem ausgeprägten Fuß – manchmal sogar hohl gearbeitet mit Würfeln im Innern (sogenannte Glücksrörken) – erhebt sich ein Gefäßkörper, der an einen Spitzkelch erinnert. Es ist eines der ganz wenigen Zinngefäße, die sich von oben nach unten verjüngen. Man ist versucht zu fragen, wie ausgerechnet in der Gegend Deutschlands, die zunächst die gewaltige, nach unten sich behäbig und schwer ausbreitende Hansekanne geschaffen hatte, auf einmal ein so leichtes, oft elegantes, schlankes Trinkgerät entstehen konnte. Vermutlich haben Kelchgläser hier anregend ge-

Abb. 35 Rörken. Abraham Tröger. Neubrandenburg, datiert 1768. H. 20,5 cm. Privatbesitz

analysieren. Mehrfach wurde schon bemerkt, daß die Grenzen von der Kanne zum Krug fließend sind. Wird eine gewisse Größe unterschritten und ist kein deutlicher Ausguß zu erkennen, dann muß von einem Krug gesprochen werden, der ein Trinkgefäß ist.

Krüge

Wir müssen unsere Wanderung wieder in Norddeutschland beginnen. Aus den Hansekannen ist vorwiegend ausgeschenkt worden, gelegentlich mag auch daraus getrunken worden sein – die feine Art war es nicht. Die in einem vorhergehenden Kapitel besprochenen geraden Säulenkannen gab es auch in kleinen Abmessungen, sie dienten dann als Trinkkrug. Ihre Zeit war das späte 17. und 18. Jahrhundert. Ausgesprochene Trinkgeräte sind die in Sammlerkreisen zu Ruhm und Ruf gekommenen sogenannten Rörken (Abb. 35). Hamburg, Lübeck, Bremen,

◁ Abb. 36 „Magdeburger Kanne". Katalog der Firma Weygang. H. 35 cm

Abb. 37 Niederer Krug der Petribruderschaft. Wohl Heinrich Jerfers, Münster, datiert 1648. H. 24 cm. Privatbesitz Altena

wirkt. Rörken gibt es in beachtlicher Höhe (bis zu 40 cm) und oft sind sie durch gravierte Inschriften als Zunftkannen ausgewiesen. Die Mehrzahl aber mißt um die 20–30 cm und hat sicher als Trinkkrug gedient. Die Blütezeit lag im 18. Jahrhundert. Varianten gibt es viele. Wenn man ein Rörken im Handel sucht, wird man es früher oder später finden. Die Preise liegen um 3 500 bis 8 000 DM.

Natürlich hat auch die Firma Weygang Rörken hergestellt, und sicher nicht wenige. Sie waren in dem schon mehrfach zitierten Katalog unter der Bezeichnung *Magdeburger Kannen* in den Größen von 35, 25 und 16 cm Höhe (Abb. 36), man konnte sie mit Rokokoszenen graviert bestellen.

Wie viele andere deutsche Landschaften kennt auch Norddeutschland den niederen Deckelkrug der Barockzeit (Abb. 37). Charakteristisch ist die niedere breite zylindrische Form, manchmal ohne ausgebildete Fußzone, dafür aber mit Füßen in Gestalt von Granatäpfeln, Kugeln o. ä., ferner der abgeflachte Deckel mit seinem rundlich gewölbten Rand und der prächtige Deckeldrücker. Auch in Sachsen ist der niedere Deckelkrug verbreitet gewesen; es gibt Varianten, was die Profilierung durch Ringe, die Höhe und Form des Deckels, die Proportionen und die Art der Daumenruhe betrifft. Typisch ist die Form des Fußes, der sich von einem flachen angedeuteten Standring ausbaucht und dann wieder zu einer Kehle einzieht. Im Laufe des 17. Jahrhunderts werden die sächsischen Trinkkrüge immer

höher. Was sie beibehalten und immer mehr betonen, ist der ausgestellte, sich ausbauchende Fuß, der späterhin keine Hohlkehle mehr hat, sondern direkt, höchstens mit kleinem Ansatz in die zylindrische Wandung übergeht. Kugelförmige Deckeldrücker sind häufig, vor allem in der zweiten Hälfte des 18. Jahrhunderts. Sächsische Trinkkrüge sind nicht sehr selten, oft sind sie mit dem sächsischen Landeswappen graviert oder geflechelt (Abb. 38). Imitationen, vor allem auch mit Gravierung des Wappens und von Bergleuten, sind häufig (Abb. 39). Wer seiner Sache nicht ganz sicher ist, sollte nur Stücke mit eindeutigen, sicheren Marken kaufen, wobei wiederholt sei, daß auch Marken gefälscht werden.

Auch Schlesien, Süddeutschland und Österreich kannten walzenförmige niedere (Abb. 40) und hohe Krüge mit ausgestelltem Fuß, entsprechend gewölbtem Deckelrand und abgeflachtem Deckel, auch die Daumenrast in Kugelform ist anzutreffen (Abb. 41). Seltsamerweise bot die Firma

Abb. 38 Krug. Sachsen, datiert 1784. H. 26 cm. Privatsammlung Sachsen

Abb. 39 Krug mit gefälschter bergmännischer Gravierung. Anfang 20. Jh. H. 41,5 cm. Bergbaumuseum Bochum

Weygang keine sächsischen oder schlesischen Walzenkrüge in ihren Katalogen an, dafür jedoch eine Variante des Typs mit einem geriffelten Wulstfuß und entsprechenden Riffelungen am Deckelrand. Auf dem Deckel dieser Stücke findet sich meist das Sternmotiv, welches im 18. Jahrhundert charakteristisch für Krugdeckel in Thüringen und Sachsen war.

Typisch für Schlesien, Böhmen und Mähren, Sachsen und das Wartheland sind *Birnkrüge*, die zwischen 20 und 35 cm Höhe messend, wohl als Trink- und als Schenkkrüge gedient haben (Abb. 42). Sie stehen auf einem Teller-

fuß und haben einen gebauchten, mehr oder minder an die Birne erinnernden Körper. Der Deckel hat einen gebauchten Rand, ist manchmal gestuft und abgeflacht. Charakteristisch für die Birnkrüge der genannten Landschaften ist ihre behäbige, untersetzte Proportion, im Gegensatz zu den Schweizer, vorwiegend in Basel angefertigten *Rundele,* die schlanker sind. Im Prinzip ist dies die Form der Kaffeekannen, denen ein eigener Abschnitt gewidmet sein soll.

Eine Gruppe von Gefäßen verdient besondere Erwähnung, es sind die *Daubenkrüge* mit Zinnintarsia (Abb. 43). Der

Abb. 42 Birnkrug. Johann Caspar Döhring, Jauer, datiert 1741. H. 26 cm. Slg. W. Karlsruhe

Abb. 40 Niederer Krug. Wien, 1. Hälfte 17. Jh. H. 12 cm. Slg. Dr. Ruhmann (oben links)

◁ Abb. 41 Zunftkrug der Nähnadler-Gesellen zu Breslau. Johann Jacob Hohenstein, Breslau, datiert 1771. H. 23 cm. Privatbesitz

Autor hat ihnen seine besondere Aufmerksamkeit gewidmet und nachgewiesen, daß der seit Jahrzehnten übliche Name *Lichtenhainer* unzutreffend ist. Das Dorf Lichtenhain bei Jena ist weder der Ursprungsort dieser Spezies, noch sind dort solche Krüge je hergestellt worden; vielmehr gibt

Abb. 43 Holzdaubenkrug mit Zinneinlagen. Johann Caspar Herrmann, Kulmbach, datiert 1750. H. 19 cm. Privatsammlung

Neben den erwähnten Typen von Trinkkrügen hat es im deutschsprachigen Raum zahlreiche Varianten gegeben, angefangen von den Pitschen aus Eger, deren Körper konisch zuläuft, über die tonnenartigen Krüge des 19. Jahrhunderts in Sachsen und Böhmen, die Lirlkrüge aus Eger, deren Bauchung oben liegt, die Saugkrüge der Niederlande und der Schweiz, die verschiedenen Arten der niederen Deckelkrüge in fast allen deutschen Landschaften bis zu den Baumölkrügen mit den eingebauten Siebfächern für Gewürze.

Becher

Becher aus Zinn sind merkwürdigerweise verhältnismäßig selten. Nicht nur, daß sich wenige erhalten haben, es scheint auch so, als hätten manche Landschaften den Typus weder geschätzt noch hervorgebracht. Relativ häufig findet man Zinnbecher in Norddeutschland, wo eine Tradition seit der Spätgotik bestand. Der sogenannte *Stop*, ein mörserähnliches Gefäß mit zwei seitlichen Henkeln, wurde gern bei Zünften benutzt. Es gibt Exemplare vom 15. bis zum 17. Jahrhundert. Leicht konische Becher mit flachem Ringfuß finden sich in den norddeutschen Zinnzentren Hamburg, Lübeck, Bremen, Rostock und Wismar. Den Typus des Bechers pflegte man auch in Köln, wo diese im 17. Jahrhundert oft mit künstlerisch vorzüglichen Gravierungen versehen wurden (Abb. 44). Es scheint so, als wäre die Gravur von spezialisierten Fachleuten, nicht von Zinngießern gemacht worden. Auch in Frankfurt am Main kommen etwa zur gleichen Zeit gravierte Zinnbecher vor. Häufiger sind Becher des 19. Jahrhunderts aus verschiedenen Gegenden Deutschlands, meist sind sie glatt und einfach gestaltet (Abb. 45). Seit dem letzten Drittel des vorigen Jahrhunderts gibt es Becher mit Rautenaufteilung, mit Reliefs, Gravierungen oder spiraligen Zügen, sogenannter *Godronierung* (Abb. 46). Schließlich kennt man die Andenkenbecher mit Reliefdarstellungen von Kirchen, Schlössern, Rathäusern, Portraits berühmter Persönlichkeiten und dergleichen. Ihre sehr junge Tradition ist fast ununterbrochen bis heute, man kann sie jederzeit in fast allen Souvenirläden kaufen. Der Autor macht kein Hehl daraus, daß er sie wie alle Erzeugnisse des Historismus nicht mag. Bestimmt wird es auch Sammler von Zinnarbei-

es eine ganze Gruppe, die, dem 18. Jahrhundert angehörend, aus Kulmbach stammt und andere aus den benachbarten Städten Bayreuth und Hof, aber ebenso aus Plauen im Vogtland und Regensburg. Die meist niedrigen Krüge haben Wandungen aus Holzdauben, die vom Böttcher aus Eichenholz gefertigt wurden. Ein Schnitzer hob dann die Silhouette des gewünschten Motivs flach aus dem Holze heraus, wobei die Kanten schräg unterschnitten wurden. Dahinein goß der Zinngießer etappenweise, von Daube zu Daube, das Zinn, später folgte das Glätten und Abarbeiten. Die Fassung von Fuß- und Mundrand wurde früher, das heißt im 18. Jahrhundert, ebenfalls angegossen; bei Daubenkrügen aus neuerer Zeit wurden die Ringe vorgearbeitet und aufgedrückt. Beim Zinndekor überwiegen Jagdmotive, Rankenwerk, Blumen, Vögel. „Holzpitsche mit Zinnauflage" offerierte 1915 die Firma Ludwig Mory in München und „Holzkanne mit Zinnauflage" die Firma Weygang. Also ist auch beim Erwerb von Daubenkrügen mit Zinnintarsia Vorsicht geboten.

ten dieser Epoche geben, gewiß sammeln auch Museen, treu ihrer Verpflichtung, Vergangenheit zu bewahren, solche Stücke. Sicher wird auch eines Tages die Geschichte des Zinngerätes der Jahre 1860 bis 1900 geschrieben werden, aber zur Zeit ist es wohl noch nicht soweit und deshalb soll dieses Kapitel, das gewiß nicht zu den künstlerischen Glanzleistungen der Zinngießerkunst gehört, nur gestreift werden.

Da die Frage „echt oder falsch" hier zur Diskussion steht, müssen an dieser Stelle die sogenannten *Trenck-Becher* erwähnt werden. Die tragische Geschichte ihrer Entstehung ist bekannt: Als der Freiherr Friedrich von der Trenck (1727–1794) auf der Festung Sternschanze zu Magdeburg von 1754–1763 seine strenge Kerkerhaft verbrachte – Friedrich der Große hatte ihn dazu verurteilen lassen wegen angeblicher Beziehungen zu des Königs Schwester, wahrscheinlich aber wegen verräterischer Umtriebe – da gravierte er in der Einsamkeit des Verlieses zinnerne Becher mit vielfältigen Darstellungen, begleitet von Inschriften in Französisch und Deutsch. Schon zu Lebzeiten von der Trencks wurden diese Becher teuer gehandelt; so regten sie schon im 19. Jahrhundert und noch in jüngerer Zeit Fälscher zur Nachahmung an. Man erkennt manche der Fälschungen daran, daß sie mit einem elektrischen Gravierstift gemacht wurden. Bei dieser Technik wird die Linie im Zinn nicht herausgegraben, sondern gewissermaßen eingeschmolzen. Daher sind die Ränder der Zeichnung nicht scharf, sondern gerundet. Unter der Lupe läßt sich das sehr genau erkennen.

◁ Abb. 44   Becher. Köln, um 1690. H. 17 cm. Verbleib unbekannt

◁ Abb. 45   Zwei Becher. Johann August Teichert, Dippoldiswalde, Friedrich Wilhelm Schnabel, Dresden, beide um 1800. H. 6,5 cm. Privatbesitz

Abb. 46   Drei Becher. Katalog der Firma Weygang. H. 13, 11, 12 cm

Abb. 47 Breitrandteller. Meister M.F., Erfurt, um 1740. Dm. 25 cm. Privatbesitz

Abb. 48 Breitrandteller. Katalog der Firma Macrander, 1980. ▷ Dm. 34,5 cm

Teller, Schüsseln, Schalen

Verhältnismäßig zahlreich haben sich Gebrauchsteller aus Zinn erhalten; sie stammen meist aus dem 18. und 19. Jahrhundert. Außerordentlich selten – viel seltener als z. B. Kannen – sind Teller des 15. und 16. Jahrhunderts überliefert, vielleicht gab es nur wenige aus Zinn. Teller der spätgotischen Zeit haben einen schmalen Rand, ebenso die seltenen Exemplare des 16. Jahrhunderts. Im 17. Jahrhundert kommt eine Art von Tellern auf, die einen außerordentlich breiten Rand und dementsprechend einen nur kleinen Fond haben. Vielleicht sind hier Einflüsse des Reliefzinns, wo die breiten Ränder als Träger der Darstellungen dienten, wirksam gewesen. Nicht nur Teller, auch große flache Schüsseln folgten im 17. Jahrhundert diesem Prinzip des Aufbaus. Bis in die erste Hälfte des 18. Jahr-

hunderts kommen in vielen deutschen Landschaften Breitrandteller, -schüsseln und -platten vor (Abb. 47). Sie zählen zu den hochgeschätzten Sammelobjekten, vor allem wenn sie durch Marken gesichert und womöglich noch mit einem gravierten Wappen geschmückt sind. Natürlich wurden sie bereits seit dem ausgehenden 19. Jahrhundert nachgeahmt und auch heute gibt es viele Kopien davon. Sie stammen vielfach aus holländischen und portugiesischen Gießereien. Ihr Farbton ist oft dumpfig-schwärzlich, vielleicht glaubten die Fälscher durch Verwendung einer minderwertigen Legierung gleichzeitig eine Patinawirkung zu erzielen. Diese wie auch viele andere neuzeitlich nachgeahmte Teller sind meist in Kunststofformen gegossen und dann nicht abgedreht. Daher sind die Kanten dieser Produkte meist flau und verschliffen, die Marken, falls vorhanden, Phantasiegebilde. Besser in der handwerklichen Qualität sind spanische und belgische Arbeiten. Oft ist es so, daß solche Erzeugnisse (Abb. 48) ganz bieder auf Kunsthandwerksmessen, in Kaufhäusern und bei Stilmöbelhandlungen zu Listen- oder Festpreisen vertrieben werden und erst durch Nachbehandlung wie zusätzliche

Abb. 49 Zwei Teller. a) Johann Arnold Lucas, Elberfeld, 2. Hälfte 18. Jh. Dm. 23,5 cm. b) Franz Lambert Dittel, Köln, Mitte 18. Jh. Dm. 24 cm. Privatbesitz

Abb. 50 Zwei Teller. a) Christian Heinrich Krebs, Freiberg i. Sa., datiert 1800. Dm. 21,5 cm. b) Meister D.H.T., Freiberg i. Sa., datiert 1808. Dm. 22,5 cm. Privatbesitz

Abb. 51 Passig geschweifte Platte, sog. Jagdschüssel. Aus dem Besitz des Pädagogen F. C. Gutsmuths (1759–1839). Thüringen, datiert 1796. B. 67 cm, T. 38,5 cm. Privatbesitz

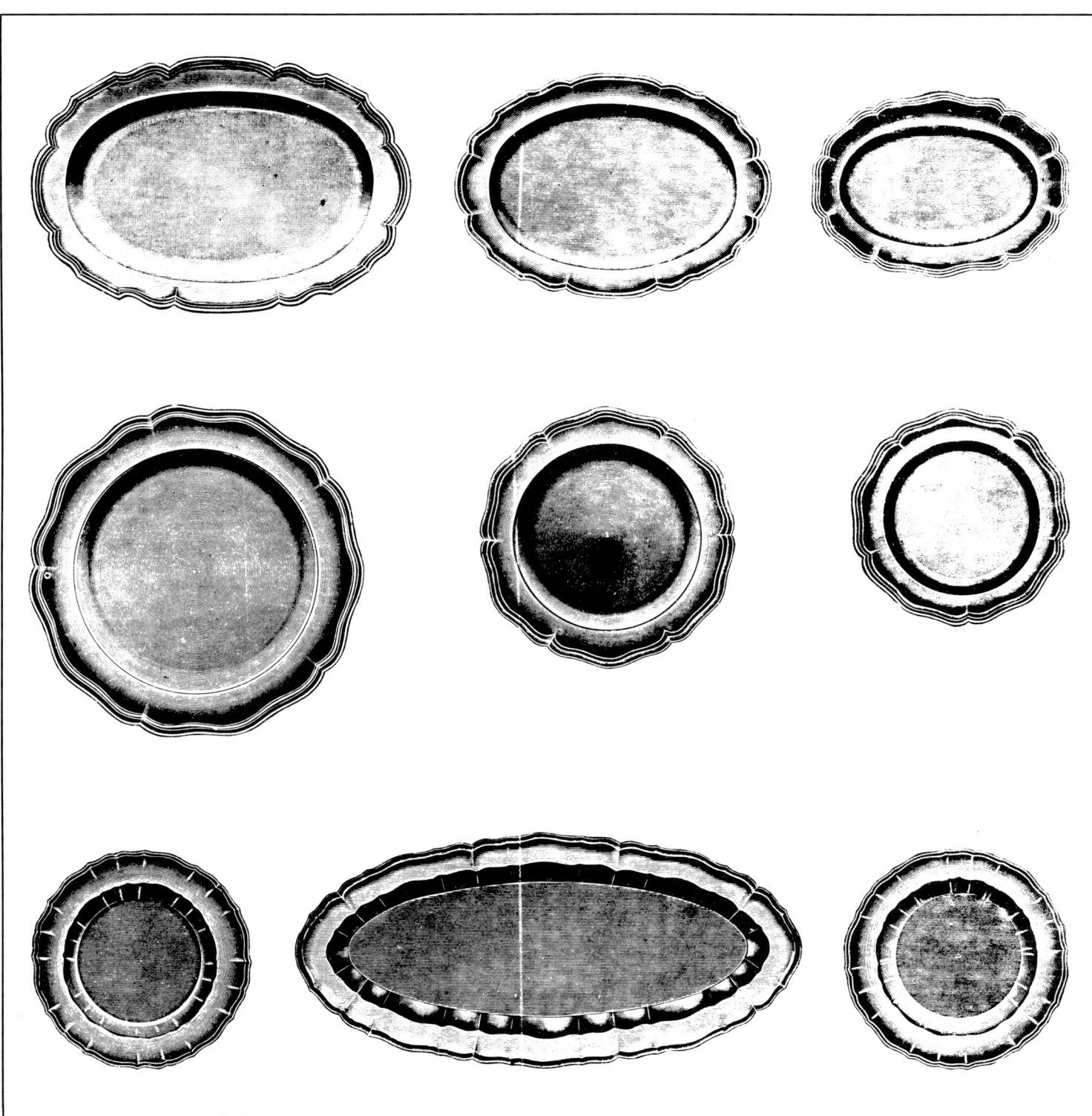

Patinierung, Hinzufügen von vorgeblichen Altersspuren usw. seitens der Fälscher und unredlicher Händler zu Objekten des Antikhandels gemacht werden. Antikmessen und Flohmärkte sind beliebte Umschlagplätze für dergleichen Ware.

Das über Breitrandteller und -schüsseln Gesagte gilt auch für Teller mit schmalem Rand. Diese Tellerform kam im zweiten Viertel des 18. Jahrhunderts in Mode und blieb es bis in die Zeit um 1800 (Abb. 49). Vorbild war oft das Silbergerät der Epoche. Ein gutes Zeichen bei Tellern aus dem 18. Jahrhundert ist die verstärkte Randkante und zwar verstärkt nach innen und nach außen. Bei den Tellern der Zeit nach 1800 ist diese Randverstärkung nicht mehr üblich (Abb. 50). Im übrigen sind die Variationsmöglichkeiten zahlreich. Die Fahne kann schmaler und breiter sein, flach und gekehlt, hochgezogen oder bodenparallel; der Rand kann ein Profil haben oder glatt sein, er kann passig geschweift sein, mit oder ohne Rippen, die in die Fahnen hineinreichen. Passig geschweifte Ränder waren seit der Mitte des 18. Jahrhunderts bei Tellern und Platten häufig (Abb. 51). Sie kamen gegen Ende des Rokoko aus der Mode. Dafür blühte die Produktion um und nach 1900 bis jetzt, so daß die Mehrzahl der heutzutage auftauchenden godronierten Teller als Imitationen anzusehen sind (Abb. 52).

Es dürfte nicht schwerfallen, gute Teller des 18. und 19. Jahrhunderts im Kunsthandel zu finden und zu erwerben, sofern man sich mit den Preisen dafür abfindet. Rheinische Händler erzählen heute mit Wehmut, wie sie in den Jahren nach dem Kriege stapelweise Zinnteller an holländische Aufkäufer für 5,– DM pro Stück abgaben und froh darüber waren. Kein deutscher Interessent – von Sammlern ganz zu schweigen – hätte solche Massenware genommen. Als in den sechziger Jahren die Preise auf 25,– DM anstiegen, nahmen Sammler das mit Kopfschütteln zur Kenntnis. Den Sprung auf 250,– bis 400,– DM machten Teller innerhalb kürzester Frist. Paarweise sind

sie besonders beliebt und werden entsprechend höher dotiert. Die Rede war bisher nur von glatten Tellern. Gravierte Stücke sind natürlich viel seltener (Abb. 53). Die Qualitätsunterschiede in der Gravierung sind groß. Es gibt volkstümliche, zum Teil dilettantisch geflechelte Motive und Ornamente und es gibt prachtvolle Barockblumen, religiöse – auch hebräische – Motive, galante Rokokoszenen, Wappen, Jagddarstellungen, teilweise so schön wie Kupferstiche. Von der Qualität der Gravierung wird der Preis abhängen. Unnötig zu sagen, daß es bedeutend mehr falsche gravierte Teller gibt als echte. Um nur einen Anhalt zu geben, aber zugleich auch zur Vorsicht zu mahnen, sei bemerkt, daß dem Autor bei 50 gravierten Tellern höchstens ein echter begegnet ist. Anlaß zur Vorsicht sollten stets geben: Jagdszenen, Landschaften, hebräische Inschriften, prächtige Wappen („sämtliche Familien- und Städtewappen können in feiner und billiger Ausführung angefertigt werden. Preise nach Größe und Übereinkunft", so Firma Weygang), Reiterbildnisse, Portraits historischer Persönlichkeiten von Pappenheim bis Pauline Bonaparte, trinkende Bauern nach Teniers und Ostade und andere

◁ Abb. 52 „Platten, oval Rokoko" etc. Eine Seite aus dem Katalog der Firma Weygang, Öhringen, 1925–1927

Abb. 53 Gravierter Teller. Deutschland, 17. Jh. Dm. 30,3 cm. ▷ Privatsammlung

Genreszenen, aber auch rein ornamental gravierte Teller und Schüsseln (Abb. 54).

Die Formmotive der Teller finden sich entsprechend bei Schüsseln und Platten, sowohl runden als auch ovalen. Den Tellern verwandt sind einfache Schalen und Schüsseln mit tiefem Fond, etwa in der Art von Waschschüsseln. Da solche Geräte früher als nicht besonders dekorativ empfunden wurden, hat man sie um die Jahrhundertwende nicht kopiert, jedoch sind aus neuerer Zeit schüsselartige glatte Nachahmungen bekannt geworden.

Eine charakteristische Form hat die *Steilwandschüssel,* die als Gemüse- oder Breischüssel verwendet wurde (Abb. 55). Die senkrecht stehende, nicht allzu hohe Seitenwandung ist oft durch horizontale Profile oder Rillen gegliedert; die Henkel, die zu diesem Typus gehören, sind entweder fest oder beweglich. Das 18. und frühe 19. Jahrhundert war die Blütezeit dieser Gefäße, die überall in Deutschland vorkommen. Heute bieten mehrere Firmen solche auf alt getrimmten Breischüsseln in ihren illustrierten Katalogen an (Abb. 56).

Typisch für Norddeutschland – von Schleswig-Holstein über Niedersachsen, Mecklenburg, Oldenburg, Ostfriesland bis Westfalen und sogar bis Köln (Abb. 57) – sind die *Branntweinschalen,* deren Körper wie eine tiefe Kumme gebildet ist und zwei seitliche meist horizontal abstehende

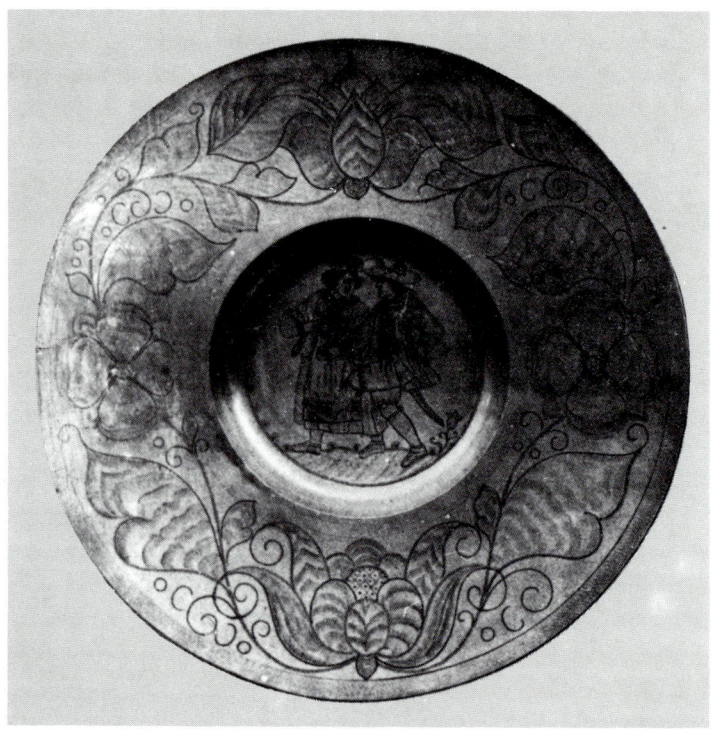

Abb. 54   Gravierter Teller. Katalog der Firma Weygang, Öhringen 1902

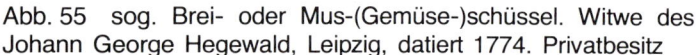

Abb. 55   sog. Brei- oder Mus-(Gemüse-)schüssel. Witwe des Johann George Hegewald, Leipzig, datiert 1774. Privatbesitz

Abb. 56   ,,Griffeschüssel Ende 18. Jh." Katalog der Firma Macrander, 1980. DM. 33,5 cm

Abb. 57 Branntweinschale. Antonius Beyell, Köln, zwischen 1695 und 1725. H. 5,5 cm. Dm. 13,2 cm. Privatbesitz

Abb. 58 Branntweinschale. Katalog der Firma Weygang. B. 29 cm

Abb. 59 Branntweinschale. Katalog der Firma Weygang. B. 19 cm

Abb. 60 Wöchnerinnenschüssel. Katalog der Firma Weygang. B. 21 cm

flache Griffe hat. Die ostfriesische Sonderform der Branntweinschalen steht auf einem hohen Fuß mit Andeutung eines Schaftes und hat statt der flachen Griffe Henkel, oft in Gestalt von Seepferdchen. Man trank aus diesen Gefäßen das sogenannte *Brocksel,* bestehend aus Branntwein mit Rosinen und Stücken von Lebkuchen. Firma Weygang bot Schalen der genannten Arten (Abb. 58, 59) als Aschenbecher an – man sieht, daß den Nachahmern kaum eine Zinnform entgangen ist, sofern sie sich nur einigermaßen dekorativ verwenden ließ.

Fußlose und niedrigere *Ohrenschüsseln* wurden im 18. Jahrhundert in Süddeutschland und im Elsaß mit Deckel angefertigt, wobei dieser Deckel oft drei Füßchen hatte und umgekehrt als Teller verwendet werden konnte. Diese kleinen Terrinen – sie haben 20–30 cm Durchmesser – nannte man *Wöchnerinnenschüsseln.* Die Ohrenhenkel sind oft reich ornamentiert, meist durchbrochen. In Straßburg und Bordeaux waren Deckel und Griffe mit Reliefs geschmückt, figürlichen und ornamentalen. Unter Bestellnummer 863 bietet Weygang an: ,,sehr beliebtes Schüssele, der Deckel ist zugleich der Teller, 21 cm breit'' – es handelt sich um eine Wöchnerinnenschüssel, deren Deckelrand mit godronierten Pfeifen geschmückt ist (Abb. 60). Dabei scheint es sich um den Abguß eines Originals aus der Werkstatt der weitverzweigten Zinngießerfamilie Klingling in Frankfurt zu handeln.

Terrinen, Dosen

Von den Wöchnerinnenschüsseln ist es nicht weit bis zu den Terrinen, die in der ersten Hälfte des 18. Jahrhunderts aufkamen. Sie waren die frühesten und auffallendsten Beispiele des Zinns auf Silberart, das im Zeitalter der Regence und des Rokoko weit verbreitet war (Abb. 61). Jahrhundertelang hatten die Zinngießer ihr ganz eigenes Formengut geschaffen und bewahrt, fast nie hatten sie sich an Silbervorbildern – was an sich nahe gelegen hätte – oder solchen aus Keramik orientiert. Als aber im 18. Jahrhundert das Silber relativ wohlfeil war und die Konkurrenz von billigem Porzellan, billigem Steingut und billiger Fayence auf die Zinngießer drückte, da taten sie in ihrer Not etwas, was ihnen vorübergehend ein gutes Geschäft brachte, was

aber der künstlerischen Formgestaltung abträglich war. Sie machten Zinn auf Silberart. Der anspruchsvolle Sammler betrachtet es mit Vorbehalt, obwohl auch in diesem Bereich noch hervorragende Arbeiten entstanden. Zwei Städte waren die Zentren des Zinns auf Silberart: Frankfurt am Main und Karlsbad.

Die Terrinen ahmten meistens Silbervorbilder nach, im Grundaufbau wie im Dekor mit Godronierungen und Schweifrippen, mit Pfeifenornamenten und Rocailles. Von einem Modell läßt sich Erstaunliches berichten. 1762 fertigte der Mainzer Zinngießer Sebastian Ferber eine Deckelterrine mit symmetrischem Rocaillesdekor in Relief als Meisterstück. Frankfurter Zinngießer des 18. Jahrhunderts bildeten sie in verschiedenen Größen nach und versahen sie mit ihrer Marke. Es sind auch Exemplare mit Marken von Zinngießern aus Dortmund, Zürich, Leoben und Straßburg bekannt, die vorwiegend als Arbeiten des 18. Jahrhunderts angesehen werden. Doch damit nicht genug. Auch die Firma August Weygang hat das Modell hergestellt und um 1927 zum Preise von 40,– RM vertrieben (Abb. 62). 1902 war diese Terrine noch nicht im Angebot.

Daneben gibt es noch fünf weitere „Terrinen in Rokoko in stilvoller Ausführung", darunter ein „sehr schönes Muster nach altem Original". Daß man keine Töpfe aus Zinn gemacht hat, ist klar; man kann Zinngefäße nicht aufs Feuer stellen, weil der Boden schmelzen würde. So gibt es lediglich topfähnliche Vorratsgefäße (Abb. 63), worunter einige Terrinenformen des 19. Jahrhunderts zu zählen sind, sowie Dosen. Die *Nürnberger Bratwurstdosen* sind die bekanntesten. Ihr Grundriß ist oval, manchmal geschweift, sie haben seitliche starre Knaufhenkel und einen flach gewölbten Deckel mit Knopf. Wie nicht anders zu erwarten: Firma Weygang lieferte auch solches Gerät, Modell 922 ist 25 cm breit, 13 cm hoch und hat keine Füße, Modell 635 ist entsprechend geformt, nämlich mit eingezogen geschweifter Wandung, hat jedoch vier Füßchen (Abb. 64). Der Preis: 17,50 RM. Für den Sammler bedeutet das wiederum, große Vorsicht zu üben und möglichst nur Stücke mit Marken zu erwerben.

◁ Abb. 61 Terrine. Franz Herrgott, Deutschland, Mitte 18. Jh. H. 20,5 cm. Privatbesitz

Abb. 62 Terrine. Nach einem Frankfurter Vorbild des 18. Jahrhunderts. Vermutlich Firma Weygang, Öhringen, Anfang 20. Jh. H. 30 cm, B. 32,5 cm. Kunstgewerbemuseum Köln

Abb. 63   sog. Hangelpott. Hinrich Tiedemann, Lübeck, letztes Viertel 18. Jh. H. 17 cm. Privatbesitz

Abb. 66   Deckeldose. Deutschland, 1. Viertel 19. Jh. H. 17 cm. Privatbesitz

Abb. 64   Bratwurstdose. ▷
Katalog der Firma Weygang.
H. 15 cm, B. 25 cm

Abb. 65   Satz von gepunzten Deckeldosen. Augsburg, 1. Hälfte 18. Jh. Privatsammlung Bielefeld

Eine weitere hochgeschätzte seltene Art sind die *Augsburger Deckeldosen.* Es gibt sie in verschieden großen Abstufungen und es war der Ehrgeiz von Sammlern der guten alten Zeit, eine Flöte davon zusammenzubringen (Abb. 65). Heutzutage taucht ein solches Stück nur alle paar Jahre einmal im Handel auf und derjenige, der es um gutes Geld erwirbt, kann sich glücklich preisen. Augsburger Deckeldosen sind rund, haben einen mäßig gewölbten

Deckel mit profiliertem Knopf und weisen am Fuß, am Gefäßrand und am Deckelrand gepunzte Friese auf, die zwischen Profilen angeordnet sind. Diese Ornamentform ist typisch für Augsburg, die Blütezeit lag um 1700. Fast grenzt es ans Wunderbare: Firma Weygang bietet Augsburger Deckeldosen mit Punzenfriesen nicht in ihrem Katalog an. Das bedeutet aber nicht, daß es überhaupt keine Kopien davon gäbe.

Im 19. Jahrhundert scheinen in Sachsen Dosen von mancherlei Form und Art beliebt gewesen zu sein. Man kennt runde (Abb. 66) und rechteckige, niedrige und hohe, solche mit flachem und solche mit gewölbtem Deckel (Abb. 67), solche mit kegelartigem und solche mit Klappdeckel. Sie dienten zur Aufbewahrung von Gewürzen, Arzneien, Tabak und Schnupftabak. Manche waren farbig bemalt (Abb. 68).

◁ Abb. 67 Deckeldose. Deutschland, datiert 1857. H. 14 cm. Privatbesitz

◁ Abb. 68 Deckelgefäß. Deutschland, 1. Viertel 19. Jh. H. 22 cm. Privatbesitz

Kaffee-, Tee-, Schokoladekannen und Dröppelminas

Eigentlich hätten in dem Kapitel Kannen auch die Kaffee-, Tee- und Schokoladekannen behandelt werden müssen. Das ist jedoch unterblieben, weil man bei diesen keine regionalen Besonderheiten feststellen kann, wie denn überhaupt im Laufe der Entwicklung auf dem ganzen Gebiete des Zinns seit dem 18. Jahrhundert die regionalen Formtypen immer mehr zurücktreten. Das Zinn auf Silberart schliff die Stilbesonderheiten ab und so mündete die Zinnproduktion in einen immer einheitlicher werdenden Stil des Spätbarock und Klassizismus.

Kaffee war im ausgehenden 17. und in der ersten Hälfte des 18. Jahrhunderts ein Luxusgetränk. Wer es sich leisten konnte, besaß silberne Kannen. Erst seit der zweiten Hälfte des 18. Jahrhunderts wurde der Kaffeegenuß auch für weniger begüterte Kreise möglich. Im Zusammenhang mit dieser Entwicklung entstanden zinnerne Kaffeekannen, natürlich auf Silberart, das heißt in Birnform, seltener glatt

Abb. 69 Kaffeekanne. Leipzig, 2. Hälfte 18. Jh. H. 23 cm. Privatbesitz

Abb. 70 Kaffeekanne. Meister G.H.A., Münster, 19. Jh. H. 28 cm. Privatbesitz Drentsteinfurt

(Abb. 69), häufiger mit Rippen und Godronierung, mit entsprechend gearbeitetem Deckel, mit angesetzter Tülle und mit geschweiftem Henkel (Abb. 70). Ist dieser aus Holz geschnitzt, darf man optimistisch sein, was die Echtheit der Kanne betrifft. Aber auch Bandhenkel aus Zinn, mit oder ohne Bastbewicklung, kommen im 18. und frühen 19. Jahrhundert zahlreich vor, viel häufiger jedenfalls als solche aus Holz. Bei den Kaffeekannen auf Silberart darf man getrost davon ausgehen, daß mindestens 90% aller dieser Kannen, die einem im Antikhandel begegnen, aus dem Ende des 19. Jahrhunderts stammen. Zahlreiche Firmen

statteten die Haushalte unserer Großeltern damit aus. Sets – bestehend aus Kanne, Milchkanne, Zuckerdose und Tablett – sind in jedem Falle jüngeren Datums (Abb. 71). Dem Autor ist bisher noch nie ein solcher Satz aus dem 18. Jahrhundert begegnet. Weygang bietet auf Tafel 41 genau ein Dutzend komplette „Kaffeeservice in Rokoko, in stilvoller Ausführung von feinstem Zinn hergestellt" an, zusätzlich 7 Einzel-, Kaffee- und Milchkannen mit Schweifrippen. Ferner gibt es das Kaffeeservice „Empire" mit Längspfeifen und Eierstabdekor und Dutzende von Kannen mit Girlandengehängen und Schrägpfeifen, „Louis

Abb. 71 Kaffeeservice.
Katalog der Firma Weygang

Abb. 72 Kaffeekanne. Thüringen, vermutlich Erfurt, datiert 1854.
H. 21,5 cm. Privatbesitz

Abb. 73 Teekanne Deutschland, 2. Hälfte 19. Jh. H. 12 cm.
Stadtarchiv Solingen

XVI" genannt. Der Sammler sollte also bei allen solchen prächtigen „stilvollen" Modellen vorsichtig sein. Am sichersten fährt er noch bei den oft biederen bis derben Kannenformen aus der Epoche des ländlichen Biedermeier (Abb. 72). Zwar erscheinen die zylindrischen, tonnenartigen oder eiförmigen Kannenkörper mit ihren oft wie angeklebt wirkenden Schnauzen und den kantigen steifen Bandhenkeln eher behäbig als schön, aber bei ihnen hat man eher die Gewähr, daß sie echt sind, als bei den elegant stilisierten Modellen. Gravierte Datierungen der Jahre 1830 bis 1870 sind vertrauenerweckender als solche aus dem 18. Jahrhundert. Bei der großen Zahl erhaltener bäuerlicher Kaffeekannen – der Autor erinnert sich, daß in der Not der Nachkriegszeit in seinem elterlichen Haushalt eine solche längst vergessene Bauernkanne wieder zu Ehren kam, wobei prompt der Kannenboden schmolz, als sie auf dem Herd abgestellt wurde – lohnte es sich um die Jahrhundertwende überhaupt nicht, dergleichen einfaches Geschirr zu kopieren. Sehr viel seltener als Kaffeekannen sind solche für Tee; sie haben einen kugeligen oder gedrückt ballenförmigen Körper und Röhrenausguß (Abb. 73). Häufiger als diese sind wiederum Chocolatièren (Schokoladekannen) (Abb. 74), die durch einen relativ hohen walzenförmigen Körper gekennzeichnet sind mit seitlich in einer Tülle angesetztem Holzstiel und einem kurzen Röhrenausguß, der rechtwinklig zum Stiel am Kannenkörper angesetzt ist. Sachsen ist das Land, in dem die Chocolatièren am häufigsten vorkommen. Schokolade-Sachsen also, nicht Kaffee-Sachsen? Oder sollte die Chocolatièrenform in Sachsen zur Kaffeekanne umfunktioniert worden sein? Ein sächsischer Kenner der sächsischen

Abb. 74 Chocolatière. Johann George Simon, Dresden, 2. Hälfte 18. Jh. H. 14 cm. Privatsammlung

Abb. 75 sog. Dröppelmina. Bergisches Land. Form 2. Hälfte ▷
18. Jh. H. 51,5 cm. Privatsammlung

Kulturgeschichte hält dies für denkbar, der – ebenfalls
sächsische – Autor dieses Buches enthält sich des Urteils:
Es sei in diesem Zusammenhang darauf hingewiesen, daß
es eine Teekanne mit seitlichem Holzstiel von Carl Friedrich Breitefeld, Annaberg um 1800 gibt, woraus sich erkennen läßt, daß diese Formmöglichkeit gegeben war.

Im Bergischen Land brachte eine verhältnismäßig späte
Blüte seit der zweiten Hälfte des 18. und in der ersten
Hälfte des 19. Jahrhunderts zwei bemerkenswerte Typen
von Kannen hervor. Es handelt sich um die sogenannten
Dröppelminas, aus denen Kaffee nicht geschenkt, sondern
gezapft wird. Die ältere der beiden Grundtypen steht auf
drei geschweiften, aus Voluten gebildeten Beinen und hat
einen birnenförmigen Körper (Abb. 75). Der vorn unten am
Kannenkörper angebrachte Kran, daher auch der offiziel-
re Name Kranenkanne anstatt des volkstümlicheren Dröp-

Abb. 76 sog. Dröppelmina. Vielleicht Johann Gösser, Barmen. Form um 1820. H. 42,5 cm. Privatbesitz

pelmina, war auch schon gelegentlich bei großen Zunftkannen des 15. und 16. Jahrhunderts anzutreffen. Die Kranenkannen für Kaffee kamen in der zweiten Hälfte des 18. Jahrhunderts auf und wurden vorwiegend in einigen Werkstätten Barmens, Elberfelds und Solingens gefertigt. Ihre große Beliebtheit einerseits und der bewahrende Sinn bergischer Menschen andererseits waren der Grund, weswegen diese typisch barocke Form nicht wie überall in der Zeit um 1800 außer Mode kam, sondern – vielleicht mit Unterbrechung zwischen 1800 und 1830 – sich bis in die zwanziger Jahre unseres Jahrhunderts hielt. Nicht anders war es mit dem urnenförmigen Typus der Dröppelmina, wie er in der Zeit des Klassizismus um 1800 Mode wurde (Abb. 76). Egon Viebahn hat in seinem vorzüglichen Buche „Bergisches Zinn", 2. Auflage Wuppertal 1978, die Geschichte der Kranenkannen, ihrer Vorgänger, ihrer Parallelen in Porzellan, Silber und Messing und vor allem die Entwicklung der Typen eingehend dargestellt. Über die Altersbestimmung macht Viebahn Angaben, die ihrer Wichtigkeit wegen hier eindrücklich wiederholt seien. „Der Stilbefund ist als authentischer Zeithinweis nicht angebracht. Bis 1972 z. B. wurden ununterbrochen bergische Barockdröppelminas hergestellt." Die Erklärung dafür ist einfach. Die Zinngußformen hatten sich in den Familien jahrhundertelang erhalten und es war nur natürlich, daß bei Nachfrage – und diese bestand für Dröppelminas immer – die gewünschten Geräte aus diesen alten Formen gegossen wurden. Auch alte Eisenstempel für das Schlagen der Marken hatten und haben sich erhalten. Sie wurden von Söhnen, Enkeln und anderen Nachfahren der Zinngießer des 18. und frühen 19. Jahrhunderts oft weiterverwendet, sei es aus Pietät, aus Sparsamkeit oder anderen Gründen. Und so kann eine „Barock"dröppelmina auf drei Beinen oder eine urnenförmige „Empire"kranenkanne trotz eindeutigen Formenbefundes und selbst mit Marken und Initialen eines Meisters aus der ersten Hälfte des 19. Jahrhunderts um 1900, 1960 oder 1970 entstanden sein. Daher betont auch E. Viebahn immer wieder, daß man folglich nicht behaupten dürfe, „Schwanenhalskanne, 2. Viertel 19. Jahrhundert", sondern stets sagen müsse: „Form 2. Viertel 19. Jahrhundert". Laut Viebahn, der die Akten und Geschäftsaufzeichnungen der Firma Arrenberg, die zusammen mit dem gesamten Werkstattbesitz 1940 in den Besitz des Deutschen Klingenmuseums Solingen kamen, ausgewertet hat, war die Nachfrage nach Dröppelminas um 1840, zwischen 1860 und 1875 und um 1900 bis zum Ersten Weltkriege besonders stark. So ist es nicht verwunderlich, daß bergische Kranenkannen noch heute zu Hunderten und Tausenden anzutreffen sind, denn fast jedes einigermaßen gut situierte Haus muß eine solche besessen haben. Nicht verwunderlich ist auch das Interesse der bergischen Liebhaber alter Stücke für diese Dröppelminas, möchte doch jeder gern so ein Stück behaglicher bergischer Vergangenheit besitzen. Verwunderlich aber ist die Entwicklung und der heutige Höchststand der Preise, die vom Standpunkt des Zinnsammlers und des Historikers gänzlich irrational und – offen gesagt – ungerechtfertigt sind. Der Autor, seit über 30 Jahren mit Kunst und Zinn beschäftigt, gibt der Versuchung nach, Geschichten zu diesem Thema zum besten zu geben.

1951 zog es ihn, er war noch Student, in Köln in eine Parterrewohnung, deren mit verschiedenen kunstgewerblichen Gegenständen geschmücktes Fenster Antiquitäten zum Verkauf anpries. Die Gegend war damals als Goldene Ecke bekannt und seit den Schwarzmarktzeiten nach dem Zweiten Weltkrieg ein Dorado zwielichtiger Existenzen. Der alte Herr aber, in dessen Wohnung sich die schönsten Dinge stapelten, war ein wohlrenommierter Antiquitätenhändler, der damals kein Ladenlokal in der Trümmerlandschaft Kölns finden konnte. Auf einem Schrank standen Dröppelminas in Scharen, sicherlich an die hundert. Der geforderte Preis war: für dreibeinige 45,– DM, für urnenförmige 30,– DM. Der Student hätte gar zu gerne eine gehabt, der Händler ging ihm beim Abschied bis zur Tür nach und reduzierte seine Preise auf 30,– und 20,– DM – vergeblich, denn das Geld war für dergleichen Dinge zu knapp, genauer gesagt: es war gar nicht vorhanden. Lange Zeit gerieten die Dröppelminas dem Autor aus dem Sinn, bis er 1968 im Bergischen Land ansässig wurde. In diesen Jahren begann der allgemeine große Antiquitätenaufschwung. Bergische Uhren und Dröppelminas, bergische Möbel und anderer Hausrat fanden ihre heimatverbundenen Liebhaber, anders als noch wenige Jahre zuvor, als Kölner Händler einfache bergische Ei-

chenmöbel aufkauften und durch geschickte Schnitzer zu Aachen-Lütticher Rokoko-Möbeln hochstilisierten. Um 1968 also gab es bereits rege Nachfrage nach Kranenkannen, wobei die dreibeinigen mit 100 bis 200 DM bezahlt wurden. Die Urnenform war damals weniger beliebt und rangiert auch heute noch weit hinter der Barockform; ausschlaggebend sind dabei wohl mehr emotionale Gründe. Denn vom strengen ästhetischen Standpunkt ist die Urnenform die edlere, klarere, reinere Form, während die Barockkanne mit ihrem birnenartigen Körper, dessen Schwerpunkt viel zu weit unten liegt, mit ihren krummen Beinen, ihren Ohrenhenkeln und der hohen Haube keineswegs klassischen Idealen entspricht, ja nicht einmal als schön anzusprechen ist. Sie wirkt aber gemütlich, und das dürfte ein wichtiger Grund für ihre Wertschätzung sein.

Seit 1968 stiegen die Preise für Dröppelminas stetig. Als die Barockformen die 2 000-DM-Grenze um 1977 erreicht hatten, hielt kaum jemand eine Steigerung noch für möglich – weit gefehlt! 1978 kosteten sie 3 500 DM, 1979 wurden allgemein 4 200 bis 4 500 DM verlangt und bezahlt. Auf der Lempertz-Auktion in Köln, November 1979, fiel der Zuschlag für eine dreibeinige Dröppelmina bei 6 000 DM, wozu noch Aufgeld und Mehrwertsteuer zu rechnen sind. Selbst wenn man berücksichtigt, daß es sich um ein durch Marken bezeugtes Exemplar eines bis dahin unbekannten Meisters handelte, erscheint die Relation zu anderen, älteren, selteneren und künstlerisch bedeutenderen Zinnobjekten kaum gerechtfertigt. Hieraus kann man sehen, daß Leidenschaft, Begeisterung, Dilletantismus, Mode, Streben nach Statussymbolen oder andere Emotionen bei der Bewertung von Kunstgegenständen manchmal mehr vermögen, als kluges Urteil, Kennerschaft, Kenntnis und Einsicht. Schließlich sei noch bemerkt, daß die Preise im Bergischen Land und im Rheinland höher liegen als anderswo. Vielleicht kann der Interessent in München oder Berlin eine Dröppelmina zu einem niedrigeren Preis erwerben, als in Köln oder Wuppertal. Vielleicht – vielleicht auch nicht, denn auch Münchner Händler lesen Bücher, Kataloge und gehen auf Reisen.

Das Bergische Land war wohl das Hauptproduktionsgebiet von Kranenkannen, aber auch in Holland wurden sie hergestellt und möglicherweise nannten die bergischen Zinngießer die Barockdröppelmina im 18. und noch im 19.

Jahrhundert deshalb „Kaffeekanne holländische Fasson". Erst gegen Ende des 19. Jahrhunderts kommt der Begriff „Bergische Kaffeekannen" auf. Der Typus, sowohl der dreibeinige wie der urnenförmige, wurde auch in Holland gepflegt, doch sind die Unterschiede zu bergischen Exemplaren unverkennbar. Gegen Ende des 18. und Anfang des 19. Jahrhunderts lackierten die Holländer ihre Zinn-Kranenkannen gern in Rot, Grün oder Schwarz und dekorierten sie mit Chinoiserien oder anderen Sujets in Gold.

Urnenförmige Kranenkannen wurden nicht nur in Solingen bis in die Zeit nach 1900 hergestellt, sondern auch von der Regensburger Firma Wiedamann und von Firma August Weygang im Öhringen (Abb. 77). Letztere führt ein Exemplar in ihrem Katalog als "Samoir" auf, was Samowar bedeuten soll, und eines ohne Deckel aus der gleichen Form unter der Gruppe „Vasen". Letztere Firma liefert noch heute.

Verschiedenes Gerät

Für Haus und Küche gab es noch mancherlei Gerät aus Zinn, das in keine der bislang aufgeführten Gruppen einzuordnen ist. Vorwiegend stammen diese Dinge aus der zweiten Hälfte des 18. und aus dem 19. Jahrhundert, jener Zeit, als die Bequemlichkeiten und Annehmlichkeiten des Lebens auch in die Bereiche des einfachen Bürgertums und der Bauern Zugang fanden. Eine bloße Aufzählung mag dem Sammler einen Eindruck davon geben, was ihm alles auf seinem Gebiete begegnen kann.

Zinnerne Löffel sind seit dem 15. Jahrhundert überliefert. Sie folgen zumeist den Formen der silbernen Löffel. Die meisten Zinnlöffel mit runder schalenähnlicher Laffe und kurzem kantigem Stiel, das heißt die Typen des 15. und 16. Jahrhunderts sind Kopien, die besonders in Holland beliebt sind. Bei alten Löffeln sollte man durchweg Zinnmarken erwarten, da gerade hier die Reinheit des Materials gewährleistet sein mußte. Zum Aufbewahren der Löffel gab es konturierte, ornamentierte, durchbrochene Platten mit vorgesetzten Borden aus Zinn, in deren Durchbrechungen man die Löffel stecken konnte. Ziemlich oft kommt ein Modell vor, bei dem in dem geschweiften Schild runde Löcher angebracht sind. Es handelt sich um eine

Abb. 77 „Samoir".
Katalog der Firma Weygang. H. 45,5 cm

Abb. 78 Löffelgestell. Katalog der Firma Weygang. H. 34 cm

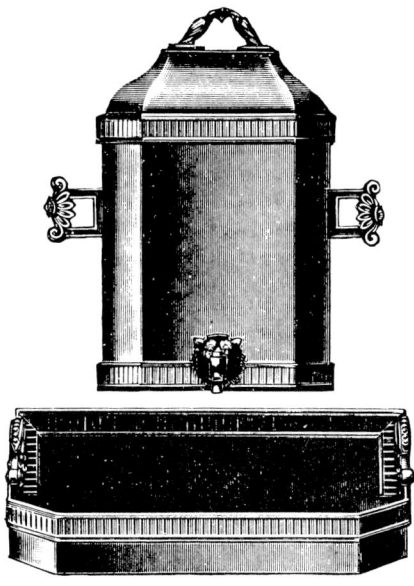

Abb. 79 Wandwaschgefäß. Katalog der Firma Weygang

Arbeit der Firma Weygang (Abb. 78). Im frühen 19. Jahrhundert gab es Löffelbehälter, die einem Becher ähnlich waren, mit abgeplatteter Rückseite, wo sie an der Wand aufgehängt wurden. Unten diente eine kleine Öffnung zum Ablaufen des Spülwassers. An der Wand aufzuhängen waren auch die *Salzmesten,* das sind Kästen mit Klappdeckeln und ornamentalem Rückschild zum Aufbewahren von Salz.

Da es früher nicht überall fließendes Wasser gab, hing man in den Zimmern sogenannte *Wandbrunnen* auf. Es sind dies kastenartige oder figürlich gestaltete Wasserbehälter mit einem Kran und darunter aufgehängtem Auffangbecken. Wandbrunnen sind seit dem 15. Jahrhundert bezeugt und erhalten; sie kommen vor allem in der Schweiz, aber auch in anderen Gegenden bis ins 19. Jahrhundert vor. Der Varianten gibt es viele. Weygang bot ein Kugelfaß und einen Delphin mit Auffangmuschel nach Schweizer Vorbildern sowie Kastenfässer an (Abb. 79).

Beim Thema Hygiene sei an die *Barbierschüsseln* erinnert, runde, häufig ovale Becken mit halbmondförmigem Ausschnitt zum Ansetzen an den Hals. Auch *Klistierspritzen* wurden aus Zinn hergestellt. Da sie sich eine Zeitlang sehr schlecht verkaufen ließen, schnitten pfiffige Leute die Röhre scheibenweise auf, löteten Böden ein und vertrieben die Produkte als Schnapsbecher. Wohl bekomm's!

Weinheber – auf den ersten Blick Klistierspritzen ähnlich – sollte man nicht mit diesen verwechseln, zumal sie von Weinhandelsfirmen gern gekauft und gut bezahlt werden. Schließlich seien noch die *Wärmflaschen* erwähnt, ballenartige, zuweilen gedrückt runde Gefäße mit Schraubverschluß, meist aus dem 19. Jahrhundert stammend und vermutlich bis jetzt noch nicht gefälscht.

Schreibzeuge aus Zinn gibt es seit dem 16. Jahrhundert. Sie bestehen zumeist aus Tinten- und Sandfaß. Einige frühe Sandbüchsen sind mit Reliefs geschmückt. Die späteren Schreibzeuge, meist aus dem 19. Jahrhundert, sind runde oder rechteckige Büchsen mit eingesetzten Tinten- und Streusandbehältern. Weygang fertigte mehrere Modelle, die aber leicht als Nachschöpfungen zu erkennen sind.

Ein außerordentlich wichtiges Tafelgerät war in früheren Zeiten das *Salzfaß* – man denke nur an das berühmte Salzfaß des Cellini mit großem Figurenaufbau aus vergoldetem Silber, Email und kostbaren Steinen. Aber auch aus Zinn wurden Salz- und Gewürznäpfe gemacht. Sie folgten im 17. und frühen 18. Jahrhundert dem Vorbild des Silbers, das heißt sie sind verhältnismäßig groß und stehen auf einem Fuß (Abb. 80); falls sie aus früherer Zeit stammen, sind sie manchmal von dreieckigem Grundriß. Im 18. und 19. Jahrhundert haben sie die Form von Schalen auf

Abb. 80 Salznapf und Senfkännchen. Deutschland, 2. Hälfte 18. Jh. H. 5,6 cm und 12 cm. Privatbesitz

Abb. 81 Salznapf und Zuckerstreuer. Deutschland, 1. Hälfte 19. Jh. H. 6,2 cm und 13 cm. Privatbesitz

Tellerfuß und kurzem Schaft; zuweilen sind sie – nach 1800 – mit klassizistischem Dekor in Relief geschmückt (Abb. 81). Weygang bietet über ein halbes Dutzend Modelle durchweg mit je zwei Fächern (für Pfeffer und Salz) mit Klappdeckeln an. Einige andere, Salznäpfen ähnliche Modelle, rangieren im Firmenkatalog unter Zuckerdosen. Die *Zuckerstreuer* des 18. und frühen 19. Jahrhunderts haben eine aparte Form. Auf schlank-birnenförmigem Körper befindet sich eine abschraubbare Haube, die ornamental durchbrochen ist (Abb. 81). Durch die Löcher – aus Gründen der Sparsamkeit möglichst klein gehalten – konnte man den damals teuren Zucker streuen. Vorbild für die zinnernen Zuckerstreuer waren silberne Exemplare und dementsprechend sind sie godroniert oder passig im Umriß. Kopien sind im Weygang-Katalog unter Nr. 1254 und 1049 verzeichnet.

Abb. 82   Zuckerdose.
Katalog der Firma Weygang. H. 8 cm

Abb. 83   Zuckerschale mit Aufsatz. Firma Weygang, Öhringen, 1. Hälfte 20. Jh. H. 22,5 cm. Kunsthandel

Abb. 84   Paar Kaffeetassen mit Untertassen. Karl Gottlob Krause, Meißen, datiert 1816 und 1820. H. 6 cm. Privatsammlung Sachsen

Abb. 85   Kaffeetasse mit Untertasse.
Katalog der Firma
Weygang. B. 16,5 cm

Findet sich von Zeit zu Zeit noch die Gelegenheit, originale Zuckerstreuer zu erwerben, so scheint es beinahe aussichtslos, eine echte *Zuckerdose mit Klappdeckel* aus dem 18. oder frühen 19. Jahrhundert zu finden. Alles was man im Handel zu sehen bekommt, sind Kopien, vorwiegend von Weygang. Die Nr. 618, eine ovale Klappdeckeldose mit leicht geschweiften Rippen, muß ein wahrer Verkaufsschlager gewesen sein, man trifft das Modell heute noch in Mengen an (Abb. 82). Ein Dutzend weiterer unterschiedlicher Formstücke waren im Weygangschen Angebot. Häufig ist auch die Zuckerschale mit Löffelständer zu finden, bekrönt von einem Putto oder einem Kriegsmann (Abb. 83). Auch sie ist ein Erzeugnis der Jahrhundertwende.

Echte *Kaffeetassen* aus Zinn (Abb. 84) – das heißt aus der Zeit vor 1850 – sind selten, Nachahmungen dagegen häufiger anzutreffen. Weygang lieferte solche mit schräg gewundenen Rippen nebst Untertassen (Abb. 85). Deshalb sollte man auch hier nur durch Marken gesicherte Exemplare erwerben.

Abb. 86   Taufkanne. Firma Weygang, Öhringen, 1. Hälfte 20. Jh.
H. 40 cm. Kunsthandel

Abb. 87   Taufkanne. Katalog der Firma Weygang. H. 23 cm

Helmkannen sind als Zinntypus seit dem 16. Jahrhundert bekannt. Die französischen Reliefkannen, die Kannen von Briot und die mit Reliefs geschmückten Kannen Nürnbergs haben die gleiche Grundform, gekennzeichnet durch einen eiförmigen Körper auf Tellerfuß und kurzem Schaftstück sowie durch eine Mündung, deren Ausguß schnabelartig nach vorn gezogen ist. In den – nunmehr glatten oder gravierten – *Taufkannen* des 17. Jahrhunderts setzte sich die Tradition dieses Typs fort; im 18. Jahrhundert ist das Vorbild von Silberarbeiten verbindlich. Im 19. Jahrhundert wird die Helmkanne zum Waschgeschirr profaniert und zeigt Anklänge an gleichzeitige klassizistische Silber- aber auch Porzellanformen. Nicht diese einfachen Modelle sind später nachgeahmt worden, sondern bezeichnenderweise die prächtigeren Exemplare in Rokokomanier mit Schweifrippen und gekurvtem Henkel (Abb. 86) oder mit Pfeifenornament, oder die schweren Formen des Barockstils. Die imitierten Taufkannen der Firma Weygang z. B. sind von guter Qualität und gar nicht leicht zu identifizieren. Beim Modell Nr. 1083/84 „Taufkanne mit Schale" (Abb. 87) hat die Fa. Weygang ein Original kopiert, das mit Marken des Frankfurter Zinngießers J. G. Klingling aus der ersten Hälfte des 18. Jahrhunderts bezeugt ist, ebenso wie es Beispiele mit den Marken des Kölner Zinngießers Hugo Lemmen aus der gleichen Zeit gibt. Es ist nicht unmöglich, daß Weygang die alten Formen erworben und weiterbenutzt hat.

Zunftgegenstände

Schenkkannen der Zünfte gehören zu den frühesten überlieferten Zinngeräten. Sie sind an den entsprechenden Stellen besprochen worden; durch Inschriften, gravierte oder angehängte Handwerksinsignien und bekrönende Figuren geben sie sich zu erkennen. Daneben gab es einige Gerätschaften, die für die Zünfte ganz spezifisch waren, im wesentlichen sind es deren zwei: der *Willkomm* und die *Handwerkszeichen*.

Aus dem Willkomm trank man bei den Zusammenkünften der Zunftmitglieder nicht nur zur Begrüßung, sondern während der Sitzung reihum, wobei bestimmte Formeln beachtet werden mußten. Vorbilder für die zinnernen Exemplare waren Pokale aus Silber oder Elfenbein, wie sie in den fürstlichen Silberkammern und Raritätenkabinetten gesammelt und aufbewahrt wurden. Charakteristisch für den Willkomm des 16. und 17. Jahrhunderts (Abb. 88) ist der Tellerfuß mit hohem, durch Kugeln, Ballen und Profile gegliederten Schaft. Der Gefäßkörper ist meist oben und unten gebaucht, dazwischen sitzt ein zylindrisches Zwischenstück. Der Deckel baut sich kuppelig auf und wird von einer Figur bekrönt. An den Bauchungen befinden sich vielfach Löwenköpfe oder andere Ornamente mit Ösen, an denen zinnerne oder silberne Münzen mit Gedenk- und Widmungsinschriften aufgehängt wurden. Im Laufe des späteren 17. und 18. Jahrhunderts wurde die Grundform variiert, so zum Beispiel, daß nur eine Ausbauchung oben oder unten erhalten blieb, oder daß man Körper und Fuß mit Godronierung versah, nach der Art von Silberarbeiten. In den Museen kann man verhältnismäßig zahlreich Willkommen antreffen, die sowohl in Norddeutschland als auch in Mitteldeutschland üblich waren, in Westdeutschland und Süddeutschland dagegen sehr selten. Was an solchen Gefäßen im Kunsthandel angeboten wird, sollte man stets sehr sorgfältig prüfen. Es gilt das, was auch schon bei den zünftischen Schenkkannen gesagt wurde. Stücke ohne Marken, mit „verschlagenen" oder mit indifferenten Engelmarken sind zunächst einmal suspekt; auch die bei Kopien oft anzutreffende Geschwätzigkeit der Inschriften, wobei Namen und Berufsstellungen sowie Daten in Mengen, Orte aber nur selten angegeben werden, sollte zur Vorsicht mahnen. Wenn dann noch flaue, verschwommene Formen, nicht mit dem Stil zusammenpassende Jahreszahlen, lächerliche Männchen als Deckelbekrönung, gleichförmige angehängte Zunftschilde hinzukommen, darf man sicher sein, ein Produkt des Historismus vor sich zu haben. Aber, das sei einschränkend vermerkt, es gibt natürlich auch echte Willkommen ohne Ortsangabe, mit komischen Kriegerfiguren auf dem Deckel, mit unglücklichen Proportionen und von häßlicher Gestalt. Denn ein Willkomm war keine Massenware; der Zinngießer, der den Auftrag zu einem solchen Stück bekam, mußte es entwerfen, ohne daß er aus einem großen Schatz

Abb. 88 Willkomm. Sigmund Schya, Liegnitz, datiert 1674. Privatsammlung

der formbildenden Tradition seiner Landschaft schöpfen konnte; er war weitgehend auf sich allein gestellt und so erklären sich manche schwachen Stücke.

Die Kopien oder Nachschöpfungen der Zeit um 1900 verraten sich großenteils durch ihre flaue Form. Die Firma Weygang benutzte – in ihrem Formenfundus natürlich vorhandene – Tellerfüße und Schäfte mit kugeligem oder geripptem Nodus, ferner glatte gebauchte Körper, die schwächlich ineinander verschliffen sind. Als Aufhänger für die Schilde dienen Löwenköpfe mit Ringen in den Mäulern. Die Zunftpokale Nr. 886 und 693 bestehen aus den umgekehrt montierten Gefäßkörpern von godronierten Kaffeekannen, kombiniert mit Leuchterfüßen (Abb. 89).

Abb. 89 Willkomm. Katalog der Firma Weygang. H. 58 und 50 cm

Manche Zünfte ließen sich schon seit dem 16. Jahrhundert, besonders aber im Zeitalter des Barock, als mit den Trinkgefäßen und ihren abstrusen Formen ein wahrer Kult getrieben wurde – ihre Trinkgeräte in Gestalt ihrer Handwerkszeuge anfertigen. So kennt man zinnerne Schuhe

mit Schraubverschluß, aus denen geschenkt oder getrunken werden konnte, Böttcherschlegel, Hämmer, Bergbarten und Ochsen (als Symbol der Metzger) mit abnehmbarem Kopf. Ebenso beliebt waren Zunftschilde, die vor den Zunftherbergen oder über den Stammtischen der Wirtshäuser aufgehängt bzw. aufgestellt wurden. Die einfacheren Exemplare bestehen aus geschweiften Schildplatten mit Gravierungen, die prächtigeren sind reich durchbrochen und zeigen meist zwei steigende Löwen, die die Handwerksinsignien der betreffenden Zunft in den Vorderpranken halten. Die Blütezeit dieser oft sehr anspruchsvoll mit Krone, Lorbeerkranz, Akanthus und Rocailles aufgeputzten Zunftschilde lag in der zweiten Hälfte des 18. und Anfang des 19. Jahrhunderts. Der diesen heraldischen Ansprüchen innewohnenden Ironie der Geschichte wird man sich kaum bewußt geworden sein, indem ausgerechnet zum Zeitpunkt des Niedergangs der Zünfte der Pomp in den Schilden am höchsten stilisiert wurde. Wohl aber mögen Wehmut und Erinnerung an die alte Zunftherrlichkeit und der Wunsch, sie wenigstens symbolisch zu verbildlichen, bei der Schöpfung dieser Zeichen mitgewirkt haben. Sentimentalität und romantische Gefühle waren sicherlich der Anlaß für die Besteller der Handwerksschilde, die seit dem Ende des 19. Jahrhunderts in beträchtlichen Mengen vertrieben wurden. Ludwig Mory, „Schönes Zinn, 3. Auflage 1972", S. 301, berichtet dazu folgendes: „In der Gegend von Vomp in Tirol hat der Zinngießer Niederbacher solche Fälschungen (von Zunftgeräten) zu Hunderten hergestellt, und sein Innsbrucker Kollege Brenn hat sie fleißig vertrieben. Sie verschönern heute noch die Abteilungen ‚Zunftwesen' und ‚Handwerksstuben' vor allem in den Heimatmuseen zwischen Südtirol und Franken. Der Besucher freut sich über ihren gefälligen Anblick, weiß aber nicht, daß die ‚Zunftgeräte des 18. Jahrhunderts' noch keine hundert Jahre alt sind."

Firma Weygang mochte da natürlich nicht zurückstehen. Abgebildet sind im Katalog 14 Zunftschilder, wovon eines ein „flacher Schild mit eingesetzten Nischen" ist und sich als romantisches Erzeugnis zu erkennen gibt. Die wirklich prachtvollen Schilde der Weber aber: „Die Löwen sind rund. Original im Museum vaterl. Altertümer in Stuttgart" ebenso wie die entsprechenden der Schneider, Bierbrauer und Bäcker könnten zur Täuschung Anlaß geben

(Abb. 90). Der „Jägerpokal" Kat. Nr. 1042 in Gestalt eines schreitenden Hirsches (Abb. 91) ist so gut gearbeitet, daß ihn noch vor etwas mehr als einem Jahr ein renommierter Händler in seiner Anzeige für die Kunstmesse in Köln abbildete. Bei der glanzvollen Eröffnung allerdings fehlte das gute Stück und Nachfragende erhielten die verlegene Auskunft: Schon verkauft.

Abb. 90 Zunftschild. Katalog der Firma Weygang. H. 32 cm. B. 42 cm

Abb. 91 „Jägerpokal". Katalog der Firma Weygang. H. 35 cm

Angesichts solcher Probleme sollte der Sammler auch hier lieber vorsichtig sein und möglichst nur durch Marken und Ortsangabe gesicherte Stücke erwerben, wenn er seiner Sache nicht ganz bombensicher ist. Schließlich sind immerhin Summen zwischen 5 000,– und 20 000,– DM im Spiel.

Kerzenleuchter

Ein Kapitel für sich sind Kerzenleuchter, wobei hier nur von den profanen und dementsprechend kleinformatigen Exemplaren gesprochen werden soll. Kerzenstöcke aus Bronze oder Messing kennt man seit romanischer Zeit, zinnerne treten erst sehr viel später auf. In seinem ausführlichen Verzeichnis der Gegenstände, die der Kandler verfertigt, nennt Hans Sachs zwar Hängeleuchter, nicht jedoch Hand- oder Kerzenleuchter. Sie scheinen erst etwas später aufgekommen zu sein. 1588 ist ein Paar Leuchter von 18,6 cm Höhe mit reicher Ätzung datiert, Matthias Bachmann in Memmingen war ihr Schöpfer. Sie haben die feinen Formen der Spätrenaissance und sind ganz im Stil der gleichzeitigen Bronzearbeiten gehalten. In der Folgezeit blieben zinnerne Handleuchter selten, erst gegen Anfang des 18. Jahrhunderts bildeten sich Typen heraus, die an Silber- oder Bronzevorbildern orientiert sind. Am Anfang der Gruppe steht die Form mit achtseitigem, kanti-

Abb. 92 Zwei Kerzenleuchter. Deutschland, 1. Hälfte 18. Jh. H. 16,5 cm und 17,5 cm. Privatbesitz

Abb. 93 Drei Kerzenleuchter. a) Altenburg, datiert 1747. H. 18 cm; b) Thüringen, Mitte 18. Jh. H. 17,7 cm; c) Sachsen, datiert 1803. H. 15,5 cm. Privatbesitz

Abb. 94 Kerzenleuchter. Katalog der Firma Weygang. H. 19,5 cm

gem Fuß, Balusterschaft und hoher kantiger Tülle (Abb. 92). Stilistisch folgt der Leuchter mit rundem Tellerfuß, der in Sachsen und Thüringen oft mit einem großen Sternmotiv in Relief geschmückt ist (Abb. 93). Die gleiche Gußform wurde übrigens auch für die Herstellung von Zinndeckeln für Fayence-Krüge verwendet. Nach kurzem Schaftstück folgt ein Kragen mit Riefenrelief, ein Balusterschaft, der sich oben kuppelig ausweitet und eine runde Kerzentülle, manchmal mit, manchmal ohne Tropfrand. Diese Art Leuchter sind trotz ihrer barocken Konzeption bis weit ins 19. Jahrhundert hinein gemacht worden, vor allem in Sachsen (Abb. 93 c). Barockleuchter aus Zinn sind nicht sehr häufig anzutreffen. Weygang lieferte ein Modell, das er selbst als „prächtig" bezeichnete, mit einem Dekor von sogenannten godronierten Pfeifen (Abb. 94). Schließlich gibt es noch die Leuchter auf Silberart mit godronierten Schweifrippen (Abb. 95). Die meisten, die der Autor gesehen hat, waren Imitationen. Bei Bronzekerzenstöcken ist Voraussetzung für Echtheit der Umstand, daß Fuß und Schaft zwei Stücke sind, die ineinander verschraubt werden. Bei zinnernen Kerzenleuchtern kann dies, muß aber nicht so sein. Sie wurden oft an der betreffenden Stelle zusammengelötet. Leuchter auf Silberart wurden seit Mitte des 19. Jahrhunderts und werden noch heute zahlreich kopiert. Es ist ein Glück, wenn man ein absolut einwandfreies Stück findet.

ganz Deutschland kaum ein Exemplar dieser Sorte, die damals weit verbreitet gewesen sein muß. Es sind auch farbig lackierte, zuweilen sogar mit Ornamenten und Figuren bemalte Kerzenleuchter in der Zeit des Empire und Biedermeier entstanden. Auf dem deutschen Markt tauchen derzeit viele englische Kerzenleuchter auf; manche sind aus dem vorigen Jahrhundert, viele neu, auf alt gemacht.

Seit dem zweiten Viertel des 19. Jahrhunderts benutzte man neben Kerzenstöcken auch Leuchter mit Ölfüllung. In einer Schale mit Tülle verbrannte Öl – Rüböl oder Petroleum – über einem Docht ein recht trübes Licht. Da sich der menschliche Schaffensgeist bei Aufkommen neuer Techniken nicht gleich von den altherkömmlichen Formen lösen kann – man denke an die ersten Autos, die wie Kut-

◁ Abb. 95   Kerzenleuchter, godroniert. Deutschland, Mitte 18. Jh. H. 20 cm. Privatbesitz

Abb. 96   Paar Kerzenleuchter. Wohl Leipzig, 1. Viertel 19. Jh. H. 21 cm. Privatbesitz

Mit dem Klassizismus blühte die Leuchterproduktion auf. Die Zinngießer wandelten das Grundmotiv: Fuß–Schaft –Tülle – in großer Breite wieder und wieder ab – es würde Seiten um Seiten füllen, wollte man alle Varianten aufzählen. Interessant ist, daß neben dem runden Fuß auch der quadratische vorkommt und daß man sich der Reliefverzierung zuwendet. In Leipzig (oder Dresden) war von 1820 bis 1860 ein Modell mit einem Relieffries von schreitenden Greifen in Mode (Abb. 96), ein zweites zeigt Schwäne. Einem Sammler gelang es vor 20 Jahren bei einem Besuch in Leipzig, innerhalb von drei Stunden in verschiedenen Geschäften sechs Exemplare zu erwerben, zu Preisen zwischen 12,– und 25,– Mark. Heutzutage findet man in

Abb. 97   Drei Öllampen. Sachsen, um 1850. H. 24 cm, 30 cm,
28 cm. Privatsammlung Sachsen

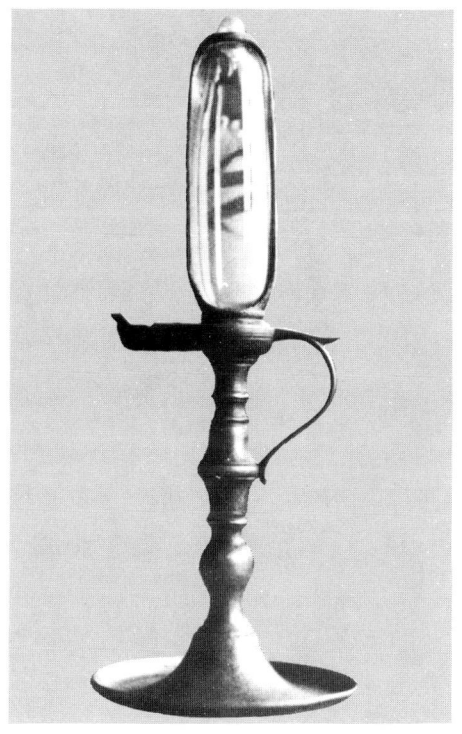

Abb. 99   Öluhr. Neuzeitliche Anfertigung

Abb. 98   „Mittelalterliche Öllampe".
Katalog der Firma Weygang. H. 29 cm

schen konstruiert waren – setzten die Zinngießer die Öl-
schalen auf Kerzenleuchterfüße, die nun, klassizistischen
Vorstellungen folgend, nicht mehr balusterartig, sondern
schlank, stangenförmig waren (Abb. 97). Eine besondere
Variante der Öllampe ist die Öluhr, bei der der Ölvorrat in
einem Glasballon steht. Dieser hat Einteilungen, an denen
man den Verlauf der Stunden, abgestimmt auf den Ver-
brauch des verbrannten Öles, ablesen kann.

Die weitaus meisten der jetzt im Handel vorkommenden
Ölleuchter sind Arbeiten des ausgehenden 19. und frühen
20. Jahrhunderts; Firma Weygang bot als „Mittelalterliche
Ölampeln, dieselben sind, mit Spiritus gefüllt, praktische
Zigarrenlampen" fast ein Dutzend Modelle an (Abb. 98),
darunter einen mit Bergmann als Träger. Öluhren werden
noch heute in Mengen nachgemacht (Abb. 99).

Nach den Kerzenleuchtern sei auch kurz auf Kronleuchter
aus Zinn hingewiesen. Einige sehr wenige Exemplare des
18. Jahrhunderts, in der Art der Bronzekronleuchter mit
Kugelabschluß und geschweiften Armen, die Kerzentüllen
tragen, sind überliefert. Sie waren sicher auch schon zu
ihrer Zeit selten gegenüber anderen Kronleuchtern. In
Sachsen kamen im 19. Jahrhundert die sogenannten
Spinnen auf, das sind Kronleuchter in klassizistischem Stile mit einem Mittelteil in Schalenform, an dem flach gebo-
gene, horizontal abstehende Arme mit Tüllen angebracht
sind. Die Mittelschale wurde aus der Gußform eines Terri-

nendeckels gemacht, die Tüllen wurden von Kerzenleuchtern gewonnen. Spinnen waren in Sachsen anscheinend beliebt und wurden das ganze 19. Jahrhundert über hergestellt, so daß man auch hier bei der Bestimmung am besten sagt: Form erste Hälfte des 19. Jahrhunderts.

Religiöses Zinngerät

Einige Male schon ist das Gebiet des kirchlichen Zinns berührt worden, so bei den Taufkannen, den Abendmahlkannen und denjenigen Krügen, die oft als Gefäß zum Aufbewahren des Weines für das Abendmahl im kirchlichen Ritus verwendet wurden. Gravierungen oder Inschriften geben in vielen Fällen Auskunft über den Verwendungszweck oder weisen auf den Stifter hin.

Abb. 100 Abendmahlkelch. Norddeutschland, datiert 1634. ▷ H. 17 cm. Privatsammlung Bielefeld

Abb. 101 Paar Altarvasen. Thüringen, datiert 1760. H. 23 cm. Privatbesitz

Über die Frage, ob Zinn auch zulässig sei als Material für den *Meßkelch*, ist seit dem 9. Jahrhundert in Konzilen hin- und hergerechtet worden. Zinnerne Kelche in den Formen des 15. Jahrhunderts hat man als Grabbeigaben in Gräbern von Geistlichen gefunden. Gotisierende Motive wie zum Beispiel der sechspassige Fuß und der gedrückt ballenförmige Nodus sind bis ins 18. Jahrhundert von den Zinngießern überliefert worden. Im 17. Jahrhundert, als Deutschland durch den Dreißigjährigen Krieg verarmt war, ließ die geistliche Obrigkeit zinnerne Meß- und Abendmahlkelche allenthalben zu (Abb. 100). In Kirchenbesitz findet man solche Stücke, gelegentlich auch im Kunsthandel. Wenigstens dieses Gefäß hat Weygang von seiner Produktion ausgenommen. Nachgeahmte Stücke sind dem Autor bisher noch nicht begegnet, doch soll diese Bemerkung nicht ein Freibrief sein für alle auftauchenden Meß- oder Abendmahlkelche.

Altarvasen aus Zinn gehören zu denjenigen Objekten, bei denen die Frage nach echt oder falsch ziemlich schwer zu beantworten ist, zumal auch die echten Stücke meist keine Marken haben. Das kommt daher, daß die dafür benutzte Zinnlegierung nicht der strengen Anforderung nach Reinheit und begrenztem Bleigehalt unterworfen war, weil es sich ja um Geräte handelt, die nicht mit Essen oder Trinken zu tun hatten (Abb. 101). Als „Vasen von Zinn", die „sich vorzüglich im Gebrauch bewähren, weil sie weder zerbrechen, noch rosten und leicht zu putzen sind" bot Weygang vier Modelle an, die Altarvasen ähnlich sind (Abb. 102). Er hat in seiner Anpreisung übrigens vergessen zu erwähnen, daß sich Blumen in Zinngefäßen vorzüglich frisch halten. Von den vier Vasenmodellen ist im übrigen nur eines wirklich als Vase konzipiert, Nr. 1219. Bei den übrigen wurden einfach nur Krug- oder Kaffeekannenkörper verwendet, die durch geschweifte seitliche Henkel zu Vasen stilisiert sind. Das gleiche geschah mit Feldflaschenkörpern. Auch zwei deckellose Dröppelminas sind in der Rubrik „Vasen" zu finden. Bei dieser Gelegenheit sei bemerkt, daß nicht nur die Imitatoren des späten 19. Jahrhunderts Formteile verschiedener Geräte untereinander austauschten, um neue andere Konzeptionen zu schaffen, sondern daß dies auch den Zinngießern des 18. und frühen 19. Jahrhunderts nachzuweisen ist, vor allem den sächsischen, denen Pfiffigkeit und Sparsamkeit nachgesagt wird.

Das *Ewige Licht* und die *Ampel* sind besonders im süddeutschen katholischen Raum anzutreffen. Hinsichtlich der Markierung trifft das gleiche zu, was bei den Altarvasen gesagt wurde. Wenn man ein Exemplar erwirbt, in dem noch das verharzte Öl der Jahrhunderte klebt, kann man vermuten, daß es sich um ein älteres Stück handelt (Abb. 103). Aber gerade bei diesem Typus sollte man daran denken, daß hier eine ununterbrochene ehrliche Tradition vorliegt. Ewige Lichte mit dem vasenförmigen Körper, der unten einen Knaufabschluß hat, und den drei Volutenhenkeln, an denen die Trageketten befestigt sind, wurden in den überkommenen barocken oder klassizistischen Formen das ganze 19. Jahrhundert über bis heute angefertigt, um frommen Zwecken zu dienen. Bei solchen Stücken sollte man – ebenso wie beispielsweise bei den Dröppelminas – die Datierung vorsichtig umschreiben mit Formulierungen wie: „Form Anfang 19. Jahrhundert".

Was die kleinen *Weihwasser-Kesselchen* betrifft, die an der Wand von Wohnstuben aufgehängt wurden und noch heute in frommen katholischen Haushalten zu finden sind, so trifft für sie das gleiche zu, was für die Ewigen Lichte gilt (Abb. 104). Es gibt eine legitime Tradition seit dem 18. Jahrhundert, und man konnte von 1700 bis 1980 z. B. in München jederzeit Weihwasserkesselchen mit barocken Motiven – etwa dem Bild einer wundertätigen Marienfigur – kaufen. Bei Firma Weygang gab es sieben Modelle (Abb. 105).

Abb. 102 Zwei Altarvasen. Katalog der Firma Weygang, H. 28 cm und 20,5 cm

Bei den *Meßpollen* – vor allem in Süddeutschland und im Rheinland vorkommend – kann man im wesentlichen zwei Typen unterscheiden. Die eine besteht aus einem Tellerfuß, kurzem Schaft, aufsitzendem becherförmigem Körper mit angesetztem Ausguß, gewölbtem Deckel und aufrechtstehender Daumenruhe. Die andere Type bildet landläufige Krugformen nach, wie zum Beispiel Stitzen oder auch Helmkannen. Es scheint, als sei der erste Typus von Imitationen bisher verschont geblieben, während die Miniaturkrüge immer gern nachgemacht und auch gut verkauft worden sind.

Es würde zu weit führen, wenn all die anderen kirchlichen Zinngegenstände noch im einzelnen erörtert würden, die Epitaphien beispielsweise oder die großen Weihwasserkessel, die Versehgefäße, die Hostienbüchsen, die Kruzifixe, die Pektoralkreuze, Behälter für heilige Öle und Oblatendosen.

◁ Abb. 103 Ewiges Licht. Süddeutschland. Form 1. Hälfte 19. Jh. H. 16 cm (ohne Ketten). Privatbesitz

Abb. 104 Weihwasserbecken. Süddeutschland, 18. Jh. H. 19 cm. Privatsammlung Bielefeld

Abb. 105 Weihwasserbecken.
Katalog der Firma Weygang. H. 24 cm

Nur die *Altarleuchter* sollen noch erwähnt werden, weil sie im Handel immer wieder einmal vorkommen. Die prachtvollen Scheibenleuchter des 15. und 16. Jahrhunderts – in der Art der Messingleuchter gebildet – gehören zu den Raritäten und ihre Preise liegen für das Paar über 10 000 DM (Abb. 106). Barocke Altarleuchter des 17. Jahrhunderts (Abb. 107) werden hin und wieder angeboten, die meisten von ihnen mit ihren derben Schäften und den großen, zwischengeschalteten Kugeln oder Ringen

Abb. 106 Altarleuchter. Köln, Ende 15. Jh. H. 36 cm. Privatbesitz ▷

Abb. 107 Paar Altarleuchter. Meister F.D., Köln, vor 1695. H. 27 cm. Privatbesitz

Da sie sehr dekorativ sind und als Lampen montiert werden können, finden sie ihre Abnehmer, aber die Preise sind nicht so hoch wie bei den glatten Barockformen. Sie scheinen weniger den Weg in die Zinnsammlungen zu finden als vielmehr zu Leuten, die ihre Wohnung antik dekorieren. Nicht nur Weygang bot zwei Modelle an, sondern auch andere Firmen, deren Hauptabnehmer die Kirchen während der ganzen vergangenen zwei Jahrhunderte waren (Abb. 109). Auch hier also ununterbrochene Produktion ohne fälschende Absichten.

◁ Abb. 108 Paar Altarleuchter. Thomas Schesser, Salzburg, 3. Viertel 17. Jh. H. 66,5 cm. Privatsammlung

Abb. 109 Kirchenleuchter. ▷ Katalog der Firma Weygang. H. 70 cm

sind nicht sehr schön; sie finden ihre Liebhaber zu Preisen zwischen 3 000 und 5 000 DM. Verhältnismäßig häufig tauchten in den vergangenen Jahren große Altarleuchter auf mit dreiseitigem Fuß, dessen Seiten aus reliefierten (Abb. 108), seltener glatten gravierten Platten bestehen. Der Schaft ist balusterartig gebildet mit unterschiedlichen Profilen. Auf großer Traufschale erhebt sich in der Mitte ein eiserner Dorn für die Kerze. Solche Altarleuchter, die es auch in Silber, Bronze und aus vergoldetem Holz gibt, waren im ganzen südlichen Deutschland sowie in Schlesien, Böhmen und Mähren verbreitet. Aus dem Gebiet der heutigen Tschechoslowakei scheint denn auch der Import der in jüngerer Zeit angebotenen Stücke erfolgt zu sein.

Historismus

Der Begriff Historismus ist schon häufig vorgekommen und es wurde bereits eine Definition gegeben. Der Historismus ergriff alle Gebiete des Kunstgewerbes in der zweiten Hälfte des 19. Jahrhunderts und natürlich auch das Zinn. Bei echtem Historismus wurden nicht alte Stile schlechthin imitiert oder kopiert, sondern die Künstler und Handwerker bemühten sich, im Sinne des Alten und in Anlehnung daran dennoch Eigenes zu schaffen. Typische Beispiele auf dem Gebiete des Zinns sind die *Nischenkannen,* bei denen vorn im Gefäßkörper eine Nische, gebildet wie eine Handwerkerstube, eingebaut ist, in der ein vollplastisch gestalteter Handwerker bei seiner Tätigkeit gezeigt wird (Abb. 110). Statt des Handwerkers konnten auch ein „Fähnrich oder Ritter nach Albrecht Dürer", ein „Eustachius nach A. Dürer", Sackpfeifer, Bauern und dergleichen dargestellt sein. Ferner gab es eine Nürnberger Turmkanne, deren Gefäßkörper tatsächlich wie ein Befestigungsturm mit Erkern, Ecktürmchen usw. gestaltet ist. Dann gibt es getriebene Darstellungen wie das Nürnberger Gänsemännchen und „die Herren vom Vertilgungskolleg". Die Schilderung der Motive ließe sich noch lange fortsetzen. Diese Art Kannen sind von ihren Zeitgenossen als Huldigung an die deutsche Vergangenheit angesehen worden, als Rückbesinnung auf alte Handwerksherrlichkeit. Kunstgewerbemuseen wurden damals in ganz Europa gegründet und sollten den Kunsthandwerkern Anregungen für ihre Arbeit geben. Museumsleute und Akademieprofessoren ereiferten sich, junge Leute anzuleiten. Raimund Anton Zamponi goß in Graz eine Schleifkanne, von der ausdrücklich vermerkt wird: „Nach einem Entwurf von Prof. Lacher (einem bedeutenden Museumsmann und Forscher in Graz), Werkzeichnung von Museums-Adjunkten Anton Rath. Hergestellt für die Weltausstellung in Paris. Greif und Messingmontierung sind von Zunftkannen des 17. Jahrhunderts aus der Sammlung des Kunstgewer-

Abb. 110   Kopie einer Steinzeugschnelle in Zinn. Westdeutschland, letztes Viertel 19. Jh. H. 29,5 cm. Privatsammlung

bemuseums (Graz) übernommen, das tanzende Bauern-
paar ist einer Darstellung von Johann Lederwasch in der
‚Knaffl-Handschrift‘ des Steiermärkischen Landesarchives
nachempfunden" (Abb. 111). Man machte ferner Reliefbe-
cher mit Wappen, geätzte Teller mit Grotesken, Krüge mit
Zinnfassung und Glaseinsatz und bediente sich aus dem
Formenschatz der Ornamente des 15., 16., 17 und 18.
Jahrhunderts, wobei Vermischungen vorkamen. In die Eu-
phorie der neuromantischen Belebung der Vergangenheit
mischten sich sehr bald kritische Stimmen und gegen Ende des Jahrhunderts erwuchs als Reaktion der Jugendstil.
Seit dieser Zeit betrachtete man die kunstgewerblichen Erzeugnisse als Kitsch, eine Einstellung, die uneinge-
schränkt bis in die Mitte der siebziger Jahre Geltung hatte.
Über die Ehrenrettung des Jugendstils, der lange Zeit
ebenso verachtet war, erfolgte der Versuch einer kriti-
schen und mehr positiven Würdigung des Historismus. Zugleich kam eine Welle der Nostalgie auf, der Sehnsucht
nach dem Guten, Alten, die sich bei einer Vielzahl von
Menschen darin äußerte, „Antikes" zu erwerben. Bei be-
schränktem Geldbeutel und bei schwach ausgeprägtem
Urteilsvermögen hinsichtlich Kunst und Kunstgewerbe be-
deutete das für viele die Hinwendung zur Kunst der Grün-
derzeit, zum Historismus. Seine kunstgewerblichen Erzeugnisse, darunter das Zinn, erlebten und erleben eine
hohe Bewertung, auch oder gerade in bezug auf die
Preise.

Es ist zwar nur eine Vermutung, doch sie hat viel Wahrscheinlichkeit, daß nämlich die Sammler von Zinn des Historismus nicht die gleichen sind, wie diejenigen, die Zinn
des 17. und 18. Jahrhunderts sammeln. Eine Kollektion
von historischen Zinnarbeiten würde sicher interessante
Aufschlüsse geben über die verschiedenen Stilstufen, über
die Art und Weise, wie die Ornamente der Vergangenheit
übernommen und wie weit sie umgesetzt wurden. Wenn
ein Sammler frühzeitig, das heißt vor zehn Jahren oder
noch eher sein Augenmerk dieser Epoche gewidmet hat,
dann hatte er sicher Gelegenheit, Objekte des Historismus
günstig oder wenigstens zu angemessenen Preisen zu er-

Abb. 111   Schleifkanne. Raimund Anton Zamponi, Graz 1900. ▷
Entwurf von Prof. Karl Lacher. H. 24 cm. Landesmuseum Joanneum Graz

werben. Heutzutage ist die Konkurrenz aus den Reihen derer, die nur aus Gründen der Dekoration Altes kaufen, so groß geworden und die Preise sind im Verhältnis zu den originalen Stücken aus „guter" Zeit, das heißt vor 1830, so stark angestiegen, daß das Sammeln von historischem Zinn im Hinblick auf dessen Kunstwert und dem Verhältnis zum Marktwert nicht recht sinnvoll erscheint. Es ist schwer, die Grenzen zwischen historisierendem Zinn und imitierenden Stücken zu ziehen. Nischenkannen und Becher mit Wappen oder Stadtansichten ohne oder mit Jahreszahlen aus der zweiten Hälfte des 19. Jahrhunderts sind eindeutig, ebenso alle anderen Arbeiten, die ihren Gründerzeitstil nicht verleugnen. Sie wollen nichts anderes sein als Erzeugnisse der Neuromantik. Bedenklich wird es, wenn Jahreszahlen erscheinen, die nicht mit dem Stil des Historismus übereinstimmen, die ein höheres Alter vorspiegeln wollen. Dann ist die Grenze zur Täuschung überschritten, die Imitation wird zur Fälschung.

Das Zinngerät des Historismus entstand in Betrieben, die inzwischen über die Größe der alten Werkstätten hinausgewachsen waren; einige kann man als Manufakturen bezeichnen; der Vertrieb geschah kaufmännisch, zum Teil über Handelsfirmen und Einrichtungshäuser, mit Hilfe von illustrierten Angebotskatalogen. Das größte Unternehmen war August Weygang in Öhringen; daneben gab es die alteingesessene Zinngießerei Wiedamann in Regensburg, die bis in jüngste Zeit existierte und sich seit den dreißiger Jahren Verdienste um modernes Zinn erworben hat, Mory in München, Schreiner in Nabburg, Lichtinger in München, Küster Perry und Co. in München, von denen historisierendes Zinngerät per Katalog angeboten wurde. Bei letztgenannter Firma ist es jedoch fraglich, ob sie es auch selbst herstellte; das gleiche ist bei Firma Fleischmann in Nürnberg der Fall. Es gab noch zahlreiche weitere Zinngießereien, die historisierendes Zinn anfertigten; der hier neu einsetzenden Forschung bietet sich ein weites Feld.

Jugendstil

Es wurde schon gesagt, daß gegen Ende des 19. Jahrhunderts eine starke Reaktion auf den Historismus einsetzte; der Jugendstil ergriff alle Gebiete des Kunsthandwerkes (Abb. 112). Beim Zinn war es die Firma Engelbert Kayser in Oppum bei Krefeld, die damals den Markt beherrschte. Die anderen Firmen wie Orivit in Köln, Gerhardi u. Cie. und Eduard Hueck, beide in Lüdenscheid, Osiris, Orion, Norica und Bingit, alle in Nürnberg, traten hinter dem Kayser-Zinn zurück. Mit dem Handwerk der alten Zinngießer hatten die Zinnfirmen der Zeit um 1900 kaum noch etwas zu tun. Die Betriebe, fabrikmäßig organisiert, zählten bis zu 600 Mitarbeiter.

Die Entwürfe wurden – so bei Kayser – in eigenen Ateliers von Spezialisten, die wir heute Designer nennen würden, angefertigt. Andere Firmen gaben bekannten Entwerfern der Zeit Aufträge, die dann von der Zeichnung in Zinn umgesetzt wurden.

Jugendstilzinn ist derzeit sehr beliebt und hoch im Kurse. Spezialsammlungen von Kayser-Zinn besitzen das Kaiser-Wilhelm-Museum in Krefeld als Legat eines großzügigen Stifters und das Kreismuseum in Zons, das durch Kauf an eine Kollektion gekommen ist.

Auch hier kann man wohl sagen, daß Jugendstil-Zinnsammler nicht identisch sind mit Sammlern klassischen Zinns. Sowohl der Markt als auch die Literatur verlaufen getrennt vom Zinn früherer Epochen.

Ausstellungskataloge geben über Details Auskunft, die für den Sammler wichtig sind. In unserem Zusammenhang kann nur auf die jüngste Entwicklung hingewiesen werden: Einrichtungshäuser bieten an: „Kayser-Zinn aus originalen, restaurierten Formen". Das bedeutet „Renaissance" eines Stiles nach Ablauf von nur 80 Jahren. Auch hieran kann man erkennen, wie schnellebig unsere Zeit ist.

Abb. 112   Zwei Zierteller. Rudolf Zamponi, Graz um 1900.
Dm. 35 cm. Landesmuseum Joanneum Graz

Fälschungen

Im Vorangegangenen ist bereits viel von Imitationen, Kopien und Nachahmungen die Rede gewesen. Dennoch soll ein besonderes Kapitel noch einmal den Fälschungen und deren Erkennen gewidmet sein. Die Geschichte der Fälschungen beginnt etwa um die Mitte des 19. Jahrhunderts, als man anfing, im Historismus die Stile der Vergangenheit wieder aufzunehmen und nachzuahmen. Die Beweggründe, weshalb man Zinngerät in den Formen der Renaissance, des Barock, des Rokoko, auch des Empire und der Gotik herstellte, waren keineswegs unehrlicher Art. Aus den Geschäftsbedingungen und den Ankündigungen der schon oft zitierten Firma Weygang — die nicht nur der größte und bedeutendste Lieferant jener Epoche war, sondern von der sich auch Kataloge erhalten haben, was übrigens außerordentlich selten ist — läßt sich erkennen, daß die historisierende, romantisierende Gesinnung im Vordergrund stand, nicht fälschende Absicht. Man kann das vor allem an einem Umstand erkennen: am Preis. Bei Weygang ist tatsächlich scharf kalkuliert, jedes Stück nach seinem handwerklichen Wert und seiner Nützlichkeit. Da geht es um Pfennige, da ist die Zinnqualität genau abgestuft, da gibt es keine Täuschungsversuche in dem Sinne, daß eine frühe Jahreszahl beim Verkauf bedeuten sollte, daß es sich auch um ein frühes Werk handele. Die „alte" Zinnmarke gab es gratis, die Gravur der alten Jahreszahl und entsprechenden Inschrift schlug mit 2-3,— RM zu Buche. Man verfolgte ein Ideal, eine gutgemeinte, sicher natürlich auch gewinnbringende Absicht: Auch der weniger Begüterte sollte die Möglichkeit haben, sich mit möglichst alt wirkenden Zinnobjekten zu umgeben. Und auch heute bietet die Firma Weygang, ebenso wie die Firmen Schreiner in Nabburg, Macrander in Bocholt, Thielen in Rohrbach und andere noch dergleichen Stücke an: Walliser-, Waadtländer-, Hohenloher-, Berner-, Cannstätter- und Lo-

thringer-Kannen, Zunftgefäße, Willkommenpokale, Dröppelminas, gotische Becher, Renaissancehumpen, Taufkannen und Schraubflaschen. Alles zu bestellen nach Musterbüchern, die jedoch nur Geschäften und Firmen ausgehändigt werden.

Bedenklich wird die Angelegenheit erst dann, wenn Kopien als alt, das heißt als echt ausgegeben werden. Und das kann schon beim nächsten Verkäufer der Fall sein, sei es, daß dieser selbst an den frühen Ursprung und die Echtheit glaubt, sei es, daß er täuschen will. Bei dem Alter vieler Zinnimitationen, die ja zum Teil auch schon auf eine Vergangenheit von 60 bis 100 Jahren zurückblicken können, sind oft ganz echte Abnutzungsspuren, Patina und sonstige Merkmale vorhanden, die ein Erkennen schwer machen. Aber über all das ist an den betreffenden Stellen schon genug gesagt worden und es wurden auch möglichst viele Abbildungen gegeben, die zur Vorsicht mahnen.

Erwin Hintze bildet in seinem Markenwerk „Süddeutsche Zinngießer Teil 2, (Band VI)" unter Nr. 867-61 drei Marken der Öhringer Zinngießer Georg August Weygang, August Weygang d. Ä. und August Weygang d. J. ab. Zum Letztgenannten vermerkt Hintze: „Führt außer der abgebildeten Marke noch zahlreiche andere Stempel zum Zeichen seiner in altem Stilcharakter hergestellten Zinngeräte". Im Hause Weygang wurde vor einiger Zeit ein Foto hergestellt, auf dem die Abschläge zahlreicher Marken zu sehen sind. Es handelt sich dabei um Stempel aus dem Besitz der Firma (Abb. 113). In der Art der Ausprägung und an der Technik der Ziselierung läßt sich erkennen, daß die Marken zu 90% von gleicher Hand erstellt, also bewußt für „Imitationen" angefertigt worden sind. Analysiert man sie im einzelnen, so gewinnt man den Eindruck, daß sie von

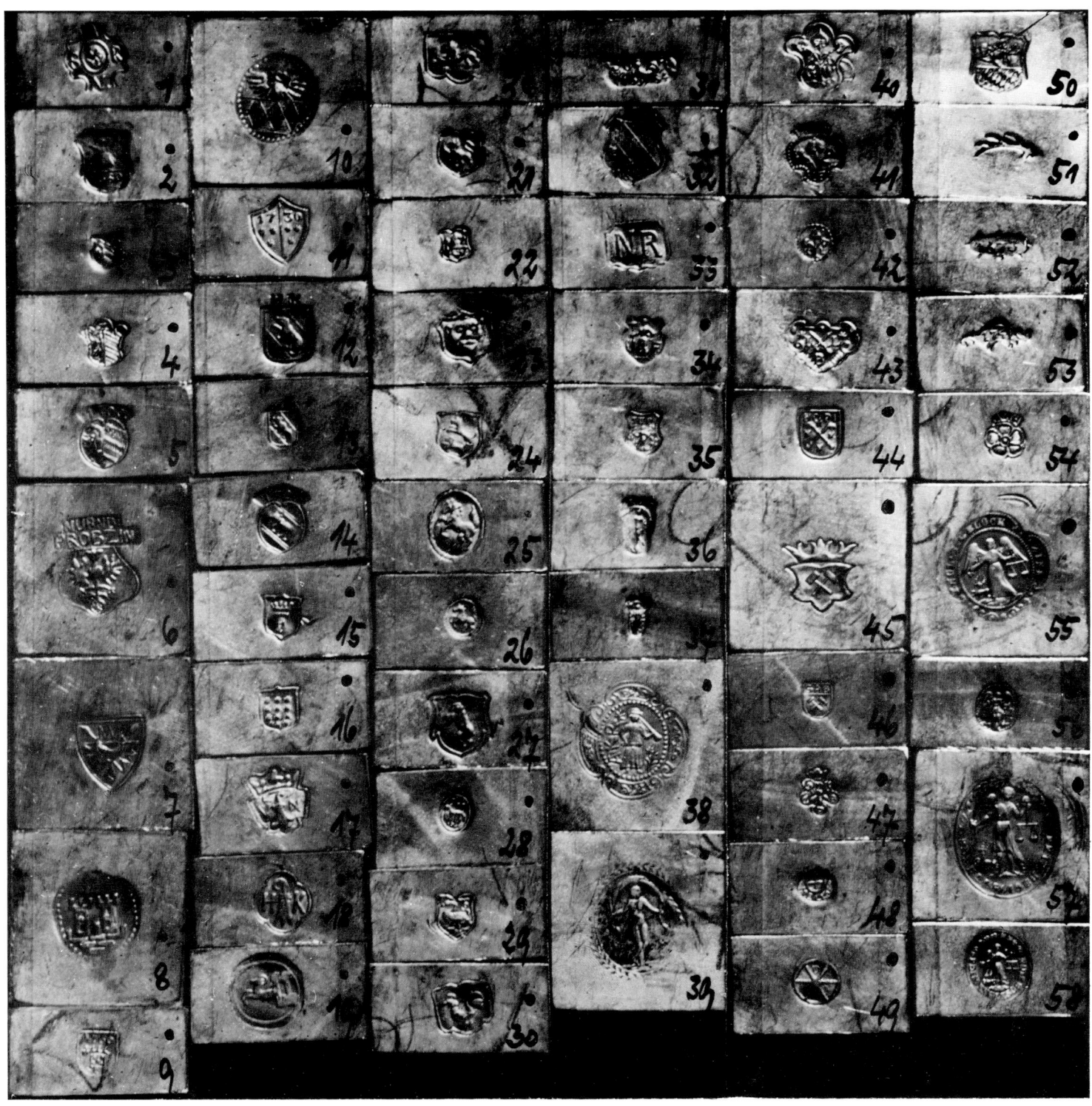

Abb. 113   Imitationsstempel der Firma Weygang

90

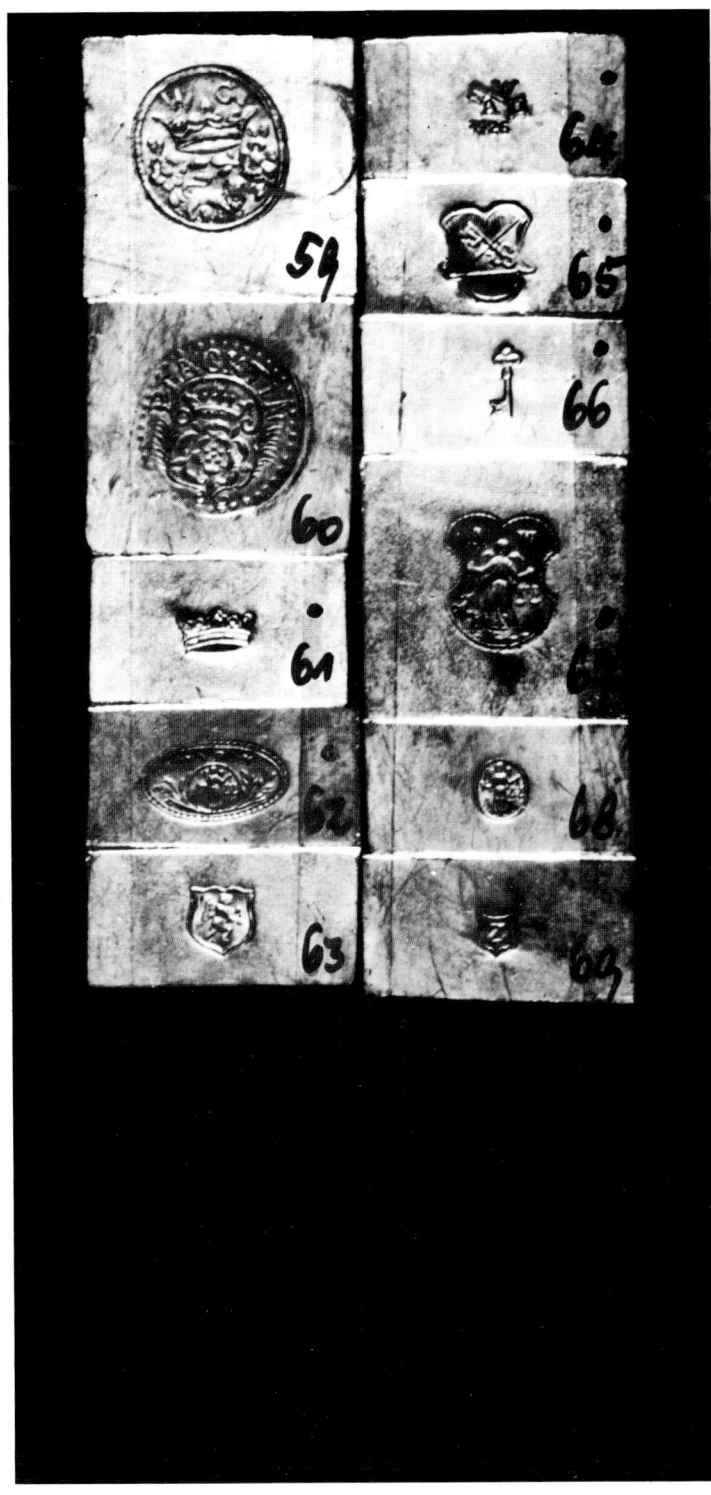

anderen, echten Marken abgeleitet sind. Unschwer erkennt man Wappen bzw. Wappenteile der Städte Augsburg, München, Nürnberg, Rothenburg, Bern, Basel, Schaffhausen, Berlin, Lindau, Altenberg und Annaberg. Macht man sich die Mühe und versucht, anhand des Markenwerkes von Hintze den Ursprüngen der Marken nachzugehen, so wird man herausfinden, daß neben den Stadtzeichen auch alte Meisterzeichen herhalten mußten, um Imitationsstempel abzugeben. Bei Nr. 9 zum Beispiel wurde das Zeichen des Johann David Kallenberg II. (1732–1804) aus Winnenden übernommen (Hintze VII, Nr. 388). Nr. 17 ist die spiegelverkehrte Variante der Marke des Meisters NV = Nicolaus Uebelin d. Ä. aus Basel, wo nicht nur das NV (vgl. Hintze VII, Nr. 1848) zu VN, sondern auch der Baseler Krummstab umgekehrt wurde. Nr. 34 stellt einen Bergmann dar, Meisterzeichen eines Zinngießers GK aus Kaufbeuren. August Weygang d. J. besaß eine Schüssel dieses Meisters (vgl. Hintze V, Nr. 1371), übernahm hiervon die Marke, änderte jedoch die Buchstaben ab zu HF. Das Meisterzeichen des Johannes Michael Pschorn aus Öhringen ist verwendet bei Nr. 35, doch lauten die Buchstaben IHP. Bei Nr. 39 ist von der Marke August Weygang d. Ä. nur die schreitende Fortuna mit dem geblähten Tuch übernommen worden, während Stadtwappen und der Name A. Weygang wegfielen (vgl. Hintze VI. Nr. 868). In ähnlicher Weise wurde auch das firmeneigene Zeichen (Hintze VI, Nr. 869) beschnitten, indem man bei Liste Nr. 65 die Initialen fortließ. Nr. 50 ist das ohne Veränderung übernommene Meisterzeichen des Maximilian Wielenbacher (Meister 1755, gestorben 1780) in München (vgl. Hintze VI, Nr. 555) – oder sollte es sich womöglich um den originalen Schlagstempel Maximilian Wielenbachers handeln, der von Firma Weygang benutzt wurde? Hintze vermerkt am angegebenen Orte: ,,Das gleiche Stadtzeichen und die Meistermarken mit den Initialen AW und der Jahreszahl 1690 und 1696 kommen auf neuzeitigen Fälschungen vor; die Marken sind meist undeutlich und unvollkommen eingeschlagen.''

Weygang muß originale Stempeleisen und vermutlich auch alte Formen besessen haben. In einer Zeit des Niederganges der alten Zinngießerwerkstätten dürfte es dem florie-

◁ Abb. 113   Imitationsstempel der Firma Weygang

Motiv unklar 37	43	49	ENGLISCH BLOCK ZINN 55	61	A W 67
A K R D 38	HCPI 44	50	56	LONDON 62	A W 68
39	45	51	FEIN ENGLISCHES ZINN 57	63	Z 69
G W 40	SAB 46	1673 52	FEIN ENGLISCHES ZINN 58	W A 1726 64	
1700 IF 41	D B C P 47	1741 53	W C L 59	65	
K L 42	MELTE 48	VC 54	PLÄCKTIN 60	66	

renden Unternehmen nicht schwer gewesen sein, solche Werkstätten, mit allem was dazu gehörte, aufzukaufen. So wird wohl das Vorkommen der Rokokoterrine (Abb. 62) mit den vielen verschiedenen Marken seine Erklärung finden. Auch die Marke von J. G. Klingling, Frankfurt, kommt auf Stücken vor, die zum Weygang-Repertoire gehörten.

Außer dem großen Komplex der Zinn-Nachahmungen aus historischer Epoche gibt es noch manche andere Arten der Fälschung und Verfälschung. Vor etwa 5 Jahren tauchten einige Arbeiten mittelalterlichen Gepräges auf, darunter eine Art Hansekanne, eine Liegnitzer Kanne (Abb. 114), eine mainfränkische Kanne (Abb. 115). Sie waren Einzelanfertigungen eines oder mehrerer Fälscher, die viel Zeit und Arbeit aufgewendet hatten, um die Stücke echt erscheinen zu lassen, dennoch ließen sie sich als Fälschungen entlarven. Die Henkel waren angelötet statt angegossen; die beiden Gußhälften des Körpers waren nicht vertikal, sondern horizontal zusammengefügt, die Pa-

Abb. 114 Schenkkanne mit Marke von Liegnitz. Fälschung, um 1970. H. 14,7 cm. Kunsthandel

Abb. 115 Schenkkanne mit Marke von Würzburg. Fälschung, um 1970. Kunsthandel

tina war künstlich erzeugt, als dunkler Überzug aufgetragen. Auf den Henkeln der einen Kanne war das Besitzerwappen eines Adelsgeschlechtes eingeschlagen, das zu der angeblichen Entstehungszeit des Objektes schon ausgestorben war. Bei der Liegnitzer Kanne, die auf einer Auktion angeboten wurde, waren die Bedenken beim Aufruf bekannt und der Auktionator wies korrekterweise auch noch darauf hin. Dennoch zahlte ein Käufer 5 200 DM dafür.

Zu den argen Fälschungen, die sich teilweise sogar in Museumsbesitz befinden, zählen Breitrandteller, deren Rand mit eingeprägten Medaillons geschmückt ist (Abb. 116). Die Heraldik brachte es an den Tag, daß hier kein Meister des 16. oder 17. Jahrhunderts am Werke war und zusammen mit dieser Erkenntnis fällt dem aufmerksamen Betrachter die kümmerliche Ornamentik der Punzen und Gravierungen auf. Falsch sind auch Teller mit breitem Rand, auf dem Zunftwappen mit Beischriften graviert sind. Ein Zentrum der Fälschungskünste war zu Ende des vorigen Jahrhunderts die Stadt Eger, wo vor allem getriebene und gravierte Arbeiten hergestellt wurden. Vor Zinnarbeiten, besonders Kannen, deren Wandungen getrieben sind, sollte man sich grundsätzlich hüten. Es gibt nur ganz wenige echte Arbeiten mit Repoussierung aus dem 18. Jahrhundert.

Eine Flut von falschem Zinngerät ergoß sich in den vergangenen zehn Jahren vor allem aus Holland nach Deutschland. Auch einfachere Sachen wie Teller sind darunter, die anspruchsvolle und sehr barock wirkende Marken haben. Diese Art von Zinn ist meist, um einen möglichst alten Eindruck zu machen, in der Masse dunkelgrau und stumpfig. Spanische, portugiesische aber auch deutsche Neuzinne „von original-alter Form abgenommen" sind dagegen blank und silbrig glänzend, sie zeichnen sich durch eine Vielzahl von kleinen, ziemlich regelmäßig verteilten Beulen aus, die jeweils mitgegossen sind. „Barock-Dröppelmina" mit allen Macken, Original-Kopie, 450,– DM" so lauten die Anpreisungen. Solange diese Kopien in Stilmöbelhäusern und einschlägigen Geschäften feilgehalten werden, bleibt ein solcher Handel allein Sache des Geschmackes und des Anspruches der Käufer (Abb. 48). Gelegentlich sollen aber dergleichen Stücke als echt an den Mann gebracht werden und dann ist die Grenze zum Betrug eindeutig überschritten.

Abb. 116 Breitrandteller mit eingeprägten Wappenmedaillons. Fälschung. Dm. 23 cm. Kunstgewerbemuseum Prag

Abb. 117 Teller. Meister H.G.E. Landshut, 18. Jh. Die Gravierungen im Fond fälschende Zutat des späten 19. Jahrhunderts. Dm. 31,2 cm. Privatsammlung Bielefeld

Genau so weit und gefährlich wie das Gebiet der Fälschungen ist das der Halbfälschungen. Die einfachste Form ist die, wenn glatte Geräte, meist Teller, mit Gravierungen verschönt und aufgewertet werden (Abb. 117). Für solche Gravierungen war gegen Ende des vorigen, Anfang unseres Jahrhunderts, die Stadt Eger bekannt. Friedrich Tischer schreibt darüber: „In Eger werden in neuerer Zeit alte Gegenstände graviert, auch geflechelt und damit der Antikmarkt überschwemmt. Diese Neugravierungen sind meist ziemlich geschmacklos angeordnet . . . Die wichtigsten Erkennungszeichen sind die scharfen Ränder der Gravierung und die künstliche Patina. Letztere zeigt meistens eine dichte grauschwarze Farbe, in der Gravierung ein tiefes Schwarz, während die Originale eine durchsichtige blaugraue Patina haben." Neben der technischen Beurteilung der Nachgravierungen ist auch die Stilkritik wichtig. In irgendeiner Weise wird sich die Hand des nachempfindenden Fälschers immer verraten, sei es in der Auffassung des Ganzen, sei es im Ausdruck von Gesichtern, in der Haltung, Bewegung, Gestik der Personen, in der Ornamentik, in der Strichführung oder in dem Ton der beigefügten Inschriften.

Halbfälschungen sind auch solche Gefäße, die aus alten Bruchstücken zusammengesetzt sind. Der Schweizer Bossard schreibt darüber: „Noch in den Jahren 1890–1900 waren die ‚Walliser Kannen' . . . so häufig, daß niemand an eine Fälschung dachte. Meist war nur der Korpus verbeult, Fuß, Hals und Deckel samt dem Henkel waren noch gut. Also schnitt man den Korpus heraus und ersetzte ihn nicht etwa durch einen gleichgeformten, sondern der Seltenheit wegen durch einen polyedrischen. Ein alter Walliser Händler sagte mir einmal, er habe eine einzige echte Walliser Kanne mit einem solchen Korpus gesehen; ich habe niemals ein echtes Stück finden können" (Abb. 118). Und weiter schreibt Bossard: „Alle Ketten ‚à la Pferdezaum' sind falsch bzw. neu." Noch bis vor wenigen Jahren war eine solche Kanne in einem unserer bedeutendsten Museen ausgestellt.

Es kommt auch vor, daß Fälscher in Gefäßkörper ihrer eigenen Herstellung oder in unmarkierte Stücke Marken einlöteten, die sie aus einfacheren Geräten wie Tellern vorher ausgeschnitten hatten. Solche Geräte sind meist an-

Abb. 118 „Walliser Kanne". Firma Weygang, Öhringen, Anfang 20. Jh. H. 26,5 cm

spruchsvoll in Art, Stil und Aufmachung, denn der Verkauf mußte sich ja lohnen. Der Sammler sollte daher immer darauf achten, ob Stil und Art des Gefäßes in Einklang stehen mit der Marke und der Lebenszeit des betreffenden Meisters. Oft unterläuft den Fälschern der Fehler, daß sie eine Meistermarke in ein Stück einbauen, das stilistisch älter ist als der vorgebliche Meister. So erwies sich zum Beispiel eine reich gravierte Zunftkanne des Kunstgewerbemuseums in Dresden als Kopie nach einer Arbeit des 16. Jahrhunderts (Abb. 119). Es war eine gefälschte Wiener Stadt- und Meistermarke angebracht und der Deckel eines

Abb. 119 Zunftkanne. Fälschung unter Verwendung alter Teile,
Ende 19. Jh. H. 37,5 cm. Museum für Kunsthandwerk Dresden

Annaberger Kruges mit echten Marken des 18. Jahrhunderts verwendet. Es ist nicht möglich, hier alle Arten von Fälschungen und Verfälschungen aufzuzählen, zumal immer neue hinzukommen. Der Sammler möchte natürlich gern wissen, wie er sich gegen die Nachahmungen schützen, wie er sie erkennen kann. Es kann nicht oft genug darauf hingewiesen werden, daß allein intensive Beschäftigung mit Originalen und mit Fälschungen zur Kennerschaft führen kann, daß jahrelanges Studium, fleißiger Besuch von Museen, die Beschäftigung mit der Literatur, die Auseinandersetzung mit dem Einzelstück, die Kenntnis der Geschichte, der Technik und vor allem der Stilentwicklung unerläßlich sind, um zu einem sicheren Urteil zu gelangen.

Schließlich sollte der Sammler wissen, daß die Kunstgewerbemuseen in Deutschland auch in Zinnfragen gern beratend zur Verfügung stehen und deren Sammlungsobjekte zum Vergleich herangezogen werden können. Falls dort kein Experte für spezielle Zinnfragen anzutreffen ist, so wird man doch erfahren können, wo der nächste zu finden ist. Über Preise wird jedoch grundsätzlich keine Auskunft gegeben.

Über größere Zinnsammlungen verfügen das Kunstgewerbemuseum in Köln, das Museum für Kunst und Gewerbe in Hamburg, das Bayerische Nationalmuseum in München, das Germanische Nationalmuseum in Nürnberg und die Landesgewerbeanstalt in Nürnberg, die Landesmuseen in Stuttgart und Karlsruhe, das Museum für Kunsthandwerk in Frankfurt, das Mainfränkische Museum in Würzburg. Reiche und schöne Bestände an Zinn hatten die schlesischen und sächsischen Museen. Der Besitz des Kunstgewerbemuseums von Breslau ist teils in die Warschauer Museen gelangt, teils befindet er sich wieder am Orte. Die Dresdner Bestände waren lange Jahre in einem Flügel des Zwingers ausgestellt, sind zur Zeit aber wieder im Depot verschwunden. Auch in Leipzig ist nur wenig ausgestellt. Das Kunstgewerbemuseum in Berlin-Köpenick erwarb 1969 die große Sammlung Bertram und verfügt damit über einen der größten Bestände an Zinn. Im Ausland sind zu erwähnen die Zinnabteilungen der Museen Amsterdam (Rijksmuseum), Rotterdam (Boymans-van Beuningen), Den Haag (Stedelijk), Straßburg (Arts décoratifs), Basel (Historisches Museum), Zürich (Landesmuseum), Bern (Historisches Museum), London (Victoria und Albert-Museum). Daneben gibt es natürlich an noch vielen anderen Orten öffentliche Sammlungen, die ebenfalls Zinn enthalten, sowohl solches der betreffenden Landschaft als auch Beispiele aus den großen Zentren des 16. und 17. Jahrhunderts.

Pflege, Reparaturen

„Altes Zinn – soll man es putzen?" so lautete der Titel eines Aufsatzes, den Fritz Bertram, der große Zinnsammler, 1956 schrieb. Die Frage läßt sich nicht so einfach mit Ja oder Nein beantworten. Sicher ist eines: In früheren Zeiten war blank geputztes Zinn der Stolz und die Freude jeder Hausfrau. Dienstmägde putzten mit Zinnkraut, das ist pulverisierter getrockneter Schachtelhalm, mit Seifenlauge oder Zinnsand das Gebrauchsgerät, das dann auf Borden und Schränken zur Schau gestellt wurde.

Der Liebhaber alten Zinns wird auch heute sein Zinn pflegen. Nun ist nicht jedes Stück, das erworben wird, gleich gut im Zustand. Nehmen wir einmal an, ein glattes Stück Gebrauchszinn aus der Barockzeit wurde in gepflegtem Zustand gekauft. Zusammen mit den anderen Stücken seiner Kollektion sollte es der Sammler in nicht zu großen Zeitabständen, etwa alle ein bis zwei Monate mit einem weichen Tuch polieren – das Zinn wird seinen milden blinkenden Glanz behalten. Nun kommt es aber auch vor, daß man ein Stück erwirbt, das ungepflegt ist, blind, stumpf, vielleicht mit einer Nikotinschicht überzogen; man hat es geerbt, günstig gekauft, auf einem Speicher, in einer Abstellkammer gefunden oder von einem Händler erworben, der sich nicht mit der Aufarbeitung abgeben wollte. Der Sammler sollte dann dafür sorgen, daß das Zinnstück wieder gepflegt, das heißt mild blinkend aussieht. Es gibt Leute, die behaupten, erst das dumpfige, dunkelgraue Aussehen verleihe einer Zinnarbeit den Anschein von Alter. Dazu sei grundsätzlich bemerkt, daß Schmutz noch lange keine Patina ist und niemals altehrwürdig wirkt. Eine Zinnsammlung sollte in allen ihren Stücken zumindest sauber sein. Über die Abstufung des Glanzes kann man geteilter Meinung sein. Man reinige zuallererst ein verschmutztes Zinngerät, indem man es in Seifenlauge einweicht und mit einer nicht zu harten Bürste abschrubbt.

Diesen Reinigungsvorgang verträgt jedes Zinnstück, es sei denn, es handelt sich um einen Grabungs- oder Flußfund; den sollte man in jedem Falle dem Restaurator überlassen. Nach dem Waschen wird sich herausstellen, ob das Ganze von einer Patina überzogen ist oder nicht. Ist letzteres der Fall, kann man mit einem milden, säurefreien Poliermittel, wie es in Drogerien zu haben ist, die Oberfläche behandeln. Bei diesem Vorgang wird die Zinnsubstanz in keiner Weise angegriffen oder beeinträchtigt. Das Stück wird allerdings nicht so aussehen wie es war, als es die Werkstatt verließ. Ein nicht ganz gleichmäßiger, gedämpft silbriger, weich reflektierender Schimmer ist es, den man mit mildem Putzmittel erzielen kann, und er erscheint vielen Zinnfreunden mit Recht als ideal. Man kann natürlich schärfer putzen und bei vielen stärker patinierten Stücken, die bereits einen grauen Überzug haben, wird dies auch nötig sein. Das kann man zunächst mit Ata-flüssig versuchen; reicht das nicht aus, kann man auch einen Brei aus normalem pulverförmigem Ata und Ata-flüssig herstellen und damit putzen. Die feinen Körner müssen sich möglichst vollständig in der Flüssigkeit auflösen, damit keine Schleifspuren zurückbleiben. Man kann zum Schluß mit allerfeinster Polierstahlwolle nacharbeiten. Bei diesem Verfahren behält das Zinn seinen milden Glanz und strahlt nicht unangenehm.

Manche Zinngeräte, vor allem solche aus der ersten Hälfte des 19. Jahrhunderts, haben manchmal eine Patina, die als deutlich erkennbare Schicht, Bruchteile eines Millimeters stark, zu erkennen ist. Solches Zinn ist unansehnlich und macht keine Freude. Die meisten Sammler möchten dann den normalen, unpatinierten Zustand wiederherstellen und das ist verständlich, besonders bei Objekten wie Tellern, Platten, Terrinen, Kaffeekannen oder Dröppelminas. Es gibt zwei Methoden der Reinigung: die mechanische und die chemische. Bei ersterer muß man das ganze Stück schleifen und zwar mit Schmirgelleinen von etwa 400 Korn Feinheit unter Zusatz von Öl oder Petroleum. Dennoch auftretende Schleifspuren können mit 600er Schleifleinen beseitigt werden und die Schlußbehandlung sollte mit einem Poliermittel erfolgen. Bei Gegenständen wie Dröppelminas, mit Hohlkehlen, Kanten, den reliefierten Schwanenhälsen, Rippen und dergleichen gehört viel Geduld und Geschick dazu, die Arbeit gleichmäßig zu verrichten. Man sollte aber auf rotierende Schleifscheiben möglichst verzichten, da ohne ausreichende Erfahrung leicht Schäden durch ungleichmäßiges oder zu starkes Schleifen eintreten können. Nach einer solchen Behandlung strahlt das Zinnobjekt wie neu, was in diesem Falle, wenn eine häßliche Patinaschicht beseitigt werden muß, unumgänglich ist. Man sollte aber zu diesem stärksten Mittel der Reinigung nur im Notfall greifen, falls alle anderen Methoden versagen und die Oxidschicht dick und unansehnlich ist. Denn es geht selbst bei vorsichtigem Schleifen nicht nur die Patina, sondern zugleich eine, wenn auch noch so dünne Schicht von der Oberfläche des Zinns ab. Es ist ein Jammer, wenn eine ohne Not absolut gleichmäßig strahlend geputzte und vermutlich maschinell geschliffene Kollektion präsentiert wird, wie dies nicht nur ein unbelehrbarer Händler in Niedersachsen zu tun pflegt, sondern leider auch ein angesehenes Museum in der Schweiz.

Die zweite Methode der völligen Beseitigung von Patina ist die chemische Behandlung. Dabei wird das Gerät in ein Säure- oder Laugebad gebracht. Es gehört jedoch die Erfahrung eines Restaurators dazu und deshalb sollte man eine chemische Behandlung als Laie tunlichst unterlassen.

Nun sind Zinngeräte oft nicht nur patiniert oder verschmutzt, sondern auch noch verbeult, rissig oder es fehlen Teile. Wenn es das Material erlaubt, sollten Beulen in jedem Falle beseitigt werden, auch Risse sind zu schließen, das heißt zu löten. Es kann nur geraten werden, diese Arbeiten einem erfahrenen Restaurator für Zinn zu überlassen. Nur zu schnell hat der Laie die Löcher mit dem Lötkolben vergrößert, die Beulen nach der anderen Seite herausgetrieben. Und dann ist guter Rat und gute Hilfe nicht nur teuer, sondern manchmal gar nicht mehr

möglich. Ist das Zinnmaterial nämlich durch falsches Treiben ausgeweitet worden, bekommt man es nie wieder geglättet, denn es hat ja an Fläche zugenommen und diese läßt sich nicht wieder reduzieren.

Bei der Frage, wieweit fehlende Teile ergänzt werden sollen, scheiden sich die Ansichten. Die Entscheidung kann nur von Fall zu Fall getroffen werden. Bei Bodenfunden und mittelalterlichen Geräten sollte man grundsätzlich davon absehen, fehlende Teile zu ergänzen, vor allem deshalb, weil man mangels Vergleichstücken kaum die ursprüngliche Form des Fehlenden rekonstruieren kann. Zutaten im Stil des Alten oder Ergänzungen aus der Phantasie aber sind Verfälschungen und daher abzulehnen.

Bei Arbeiten aus dem 16. bis 19. Jahrhundert ist die Frage nach dem ursprünglichen Zustand nicht so schwierig zu beantworten, weil es da meist Parallelstücke gibt, die das originale Aussehen bewahrt haben. Man könnte also hiernach einen Abguß vornehmen und das Fehlende – etwa einen Fuß, einen Knopf, einen Henkel – ergänzen. Dagegen läßt sich nichts einwenden, solange das Ausmaß der Ergänzung im Rahmen bleibt und kenntlich gemacht wird. Die Erneuerung ganzer Deckel, Partien von Reliefschüsseln etc. geht jedoch zu weit und nähert sich dem Tatbestand der Halbfälschung.

Zinngerät wird gelegentlich – und gar nicht zu selten – von Krankheiten befallen, die sich in unangenehmer, störender Weise äußern. Ein Begriff, der auch dem Laien geläufig ist, selbst wenn er sich kaum mit Zinn beschäftigt, ist das Wort Zinnpest. Fachleute haben lange Jahre hindurch Untersuchungen angestellt, um die Gründe und Voraussetzungen für die verschiedenen Verfallserscheinungen herauszubekommen. Letzte Klarheit bis in alle Einzelheiten ist bis heute noch nicht geschaffen. Es sind mehrere Faktoren, die zusammenwirken müssen, um Zinnkrankheiten zum Ausbruch kommen zu lassen, Faktoren, die schon bei der Zusammensetzung und der molekularen Struktur des Zinns beim Guß wirksam werden. Die Spurenelemente von Beimengungen fremder Stoffe, die Temperatur beim Guß, zu schnelle Abkühlung in der Form, spätere Umwelteinflüsse wie Feuchtigkeits- und Schwefelgehalt der Luft, jahrelange Unterkühlung – all dies trägt zum Auftreten von Zinnkrankheiten bei. Diese äußern sich im wesentlichen in zwei Formen: in Abblätterung und Fleckenbildung und im Zinnfraß. Bei ersterem bildet sich eine zunächst dünne, später dickere Schicht von Korrosionsprodukten, vornehmlich Zinnoxid, die in Flecken auftritt. Diese breiten sich im Laufe der Zeit felderartig aus und zersetzen die Oberfläche des Metalls. Es kommt zu Abblätterungen, aber auch zur Verkrustung; die Oberfläche des Zinns wird dumpfig schwarz. Hier kann – wie gesagt – nur chemische oder scharfe mechanische Behandlung helfen. Ansteckend oder übertragbar ist diese Krankheit nicht.

Beim Zinnfraß entstehen an der Oberfläche des Zinngerätes schwarze harte, aufgeblähte Beulen. Der Verfall schreitet im Laufe der Jahre fort und kann schließlich das Zinn durch Löcherbildung auflösen. Stellt man diese Krankheiten an einem Stück fest, so sollte der fachmännische Zinnrestaurator aufgesucht werden. Museen geben in solchen Fällen gern Rat und Auskunft, wo ein solcher zu finden ist – er wird die befallenen Stellen je nachdem mit Säure oder mechanischen Methoden oder beidem behandeln und weiterem Fraß Einhalt gebieten. Der Laie, auch der Sammler, sollte sich nicht selbst an der Restaurierung versuchen, es gehören Erfahrung und handwerkliches Können dazu.

Von Sammlern und Sammlungen

Dieses Buch ist gedacht für den Gebrauch des Sammlers und mehr als einmal ist dieser Sammler angesprochen worden. Wer aber und was ist eigentlich ein Sammler, wodurch wird er als solcher gekennzeichnet, was unterscheidet ihn von anderen, die alte Gegenstände kaufen. Ein Blick in die Geschichte des Zinnsammlers mag manchen erkennen lassen, wo er steht, wozu er gehört.

Unter den Zinnliebhabern in alter wie in neuer Zeit lassen sich im wesentlichen zwei Gruppen unterscheiden – wie im übrigen auch bei anderen Bereichen des Kunstgewerbes. Die einen tragen schönes, prunkvolles oder auch schlichtes altes Zinn zusammen, um es zum Schmuck ihrer Zimmer auf Borden, Anrichten, in Vitrinen und Schränken aufzustellen; die anderen sammeln systematisch, suchen ihre Bestände nach historischen oder stilistischen Gesichtspunkten aufzubauen und zu vervollständigen.

Ursprünglich waren Gegenstände aus Zinn Gebrauchsgerät, aber schon in jener Zeit, als man noch aus Zinnkrügen trank und von zinnernen Tellern aß, hat man diese gern auf Borden, in sogenannten Schapps und auf Schränken zur Schau gestellt, blank geputzt, wohlgeordnet und dekorativ präsentiert. Man kann Darstellungen von solcherart aufbewahrten Gerätschaften auf Tafelbildern des 15. und 16. Jahrhunderts finden. Die sogenannten Kannenstöcke der westfälischen und niederrheinischen Bauern aus dem 18. und frühen 19. Jahrhundert sind von vornherein dafür eingerichtet, daß man auf den Borden und Regalen dieser eichenen Großmöbel blankgeputzte Zinnkannen und -teller zum Schmuck aufstellen kann. Das Edelzinn, die Teller und Kannen mit Reliefdekor aus der zweiten Hälfte des 16. und dem Anfang des 17. Jahrhunderts, war von Anfang und Ursprung her dazu bestimmt, als Prunk- und Schaustück zu wirken, hier war der Schmuckwert das Primäre; gebraucht, das heißt benutzt wurde es so gut wie nie – es war von vornherein Sammelobjekt. Die Namen der frühesten Zinnsammler, der Käufer und Besteller von Reliefzinn, sind nicht bekannt. Hans Sachs, der 1543 ein Gedicht „Der Kandelgießer-Spruch" verfaßte und darin eine Menge Sachen aus Zinn aufzählte, schreibt: „Sie zieren mancher Fürsten Tisch und Saal, ganze Häuser, Klöster und Städte."

Die eigentlichen historisch und kunsthistorisch orientierten Zinnsammlungen entstanden seit der Mitte des 19. Jahrhunderts, vorwiegend erst in dessen letzten Jahrzehnten. Es waren noch keine Spezialsammlungen, sondern Unterabteilungen der großen, universal aufgebauten Kollektionen des ausgehenden 19. Jahrhunderts. Dem Zeitgeschmack entsprechend war natürlich das Reliefzinn reichhaltig vertreten. Die Namen der Sammler v. Lanna, Figdor, Thewalt, Ritleng, Kahlbau und Clemens seien genannt. Daneben gab es einige wenige, die sich auf Zinn spezialisiert hatten. Einer der ersten war Germain Bapst, dem man auch das erste Buch über die historische Entwicklung des Zinngerätes verdankt (L'Etain, Paris 1884). Ebenfalls Sammler und zugleich Autor war der sächsische Regierungsrat Hans Demiani, dessen Sammlung 1911 an das Dresdner Kunstgewerbemuseum ging, wo sie noch heute – zeitweilig im Zwinger ausgestellt – bewahrt wird. Erwähnt seien aus der Zeit vor dem Ersten Weltkrieg die Sammler Vallin, Abt, Bossard, Hengeler und Nestel, von deren Kollektionen zum Teil Versteigerungskataloge Zeugnis geben. Die bedeutende Sammlung des Baurates Manz wurde während des letzten Krieges in Stuttgart ein Opfer der Bomben. Der Besitz von Fritz Bertram aus Lichtenwalde bei Chemnitz, dessen schönste Stücke er in seinem Buche „Begegnungen mit Zinn" Prag 1962, veröffentlicht hat, gelangte 1969 nach dem Tode des Sammlers geschlossen in das Kunstgewerbemuseum Berlin-Köpenick.

Es gibt derzeit etwas mehr als ein halbes Dutzend private Sammlungen von Rang. Aus Gründen, die sich jeder leicht denken kann, sollen sie nicht namentlich genannt werden. Neben diesen bedeutenden Kollektionen, die zahlreiche und kostbare Stücke in sich vereinen, existieren gewiß hunderte von kleinen Sammlungen, deren Existenz als Gesamtheit von gleicher Wichtigkeit ist. Viele ihrer Besitzer haben aus der Erkenntnis, daß der Aufbau einer universalen Sammlung nicht mehr möglich ist, ihre Interessengebiete begrenzt. So gibt es spezielle Sammlungen von kirchlichem Zinn, das — im Hinblick auf profanes Gerät — bisher noch nicht so stark gefragt wurde und daher noch zu angemessenen Preisen zu erwerben war. Es gibt Leute, die nur das Zinn bestimmter Landschaften suchen, beispielsweise des Bergischen Landes, das demzufolge, da es Konkurrenten gibt, gute Preise erzielt. Und schließlich existieren Sammlungen von Gefäßtypen. Es ist mehr als eine Kollektion bekannt, die nur aus Dröppelminas besteht, die zu hunderten in allen Varianten zusammengetragen sind, oder es bestehen Sammlungen von Küchengeräten, Maßgefäßen, Trinkkrügen, Tellern, Leuchtern.

Die Anfänge der Markenforschung gehen zurück auf eine Sammlung von ausgeschnittenen Zinnmarken, die ein Liebhaber dem Dresdner Museum geschenkt hatte. Das war vor fast 100 Jahren. Man ist heute etwas erschreckt bei der Vorstellung, daß jemand altes Zinngerät ruinierte, nur um an die Marken zu kommen. Aber man erinnert sich dann, daß damals altes Gebrauchsgut nicht weiter geschätzt wurde und sowieso zum Einschmelzen ging. Geradezu horrend aber ist die Vorstellung, daß es einen solchen ,,Liebhaber'' noch heute gibt, der vorwiegend aus alten Tellern die Marken herausfräst, die Löcher zulötet, die Tellerfragmente weiterverkauft und stolz ist auf seine Zinnstückchen mit Marken.

Schwierig ist es, an dieser Stelle Hinweise zu geben für die Anlage einer Zinnsammlung. Gut ist es in jedem Falle, wenn der künftige Sammler sich nach den ersten Käufen, die zunächst vielleicht noch nicht mit System gemacht werden, klar darüber wird, welches der leitende Gesichtspunkt für seine weiteren Erwerbungen sein soll. Er müßte sich Rechenschaft darüber geben, ob er sein Sammelgebiet begrenzen will, oder ob er alles auf dem Gebiete des Zinns kaufen möchte, was ihm gefällt. Aber hier wird schon die erste Grenze sichtbar, nämlich die der finanziellen Möglichkeiten. Stehen große Mittel zur Verfügung, wird der Sammler danach streben, nur die besten und bedeutendsten Objekte zu erwerben. Er wird gut tun, ganze Zeitepochen auszuklammern, nämlich die, in denen das Zinngießerhandwerk in seiner schöpferischen Kraft nachließ. Ob er sich im übrigen Beschränkungen auferlegt, bleibt seine eigene Angelegenheit. Vollständigkeit des Bestandes selbst innerhalb einer Epoche, innerhalb einer Landschaft zu erreichen, wird schwer, meist aussichtslos bleiben; es gibt zu viele Varianten, zu viele Formgestaltungen. Bei der Abgrenzung dessen, was ein Sammler an Zinn erwerben möchte, gibt es zahlreiche Möglichkeiten, von denen einige schon angedeutet wurden. Außer auf Gefäßtypen kann man sich konzentrieren auf Reliefzinn, auf gravierte Stücke, auf Zunftgeräte, auf Stücke mit bergmännischen Darstellungen, auf Apotheken- oder Küchengerät, auf Puppenzinn, auf farbig bemalte Objekte und vieles andere. Außer landschaftlicher Abgrenzung kann der Sammler auch zeitliche Grenzen setzen. Sehr eindrucksvoll und erstrebenswert ist natürlich eine Kollektion von Renaissance- und Barockzinn, aber reizvoll kann es sein, nur Zinn auf Silberart oder Empiregerät zu sammeln, wo auch heute noch Möglichkeiten des Erwerbs bestehen.

Schließlich sei noch eine Möglichkeit erwähnt, die strenggenommen nicht als Sammeln zu bezeichnen ist, nämlich das Erwerben von altem Zinngerät, um die Wohnung zu schmücken. Das ist heutzutage sehr verbreitet. Die Richtschnur für den Erwerb ist hier allein der persönliche Geschmack der Interessenten. Sie kaufen die Gegenstände im Hinblick auf den Platz, den sie zieren sollen. Aber auch sie sollten darauf achten, daß sie nicht mit Kopien, Fälschungen oder Imitationen abgespeist werden.

Der Autor hat einmal Anregungen gegeben, wie er sich die Aufstellung einer Zinnsammlung am besten vorstellt und ist dafür getadelt worden. Dennoch sollen auch hier einige Worte darüber gesagt werden, ohne daß es sich dabei um ,,pedantische Stilvorschriften'' handelt. Es bleibt natürlich jedem Sammler letzten Endes selbst überlassen, welche Aufstellung er für passend und geschmackvoll hält. Der Autor bildet sich auch gar nicht ein, daß irgend jemand die hier angedeuteten Ideen wörtlich ausführt; das wäre ja nicht der Sinn der Sache. Nur, es ist zu schade, wenn eine mit großer Liebe und viel Sachverstand zusammengetragene Zinnsammlung in einer Umgebung steht, die des Zinns nicht würdig ist. Und nur um zum Nachdenken über diese Frage überhaupt einmal anzuregen, sei das Folgende gesagt.

Für einen Sammler ist es sicherlich am schönsten und angenehmsten, wenn er seine Schätze auf Borden, Truhen und Schränken plazieren kann (Abb. 120), damit die Stücke angefaßt und „begriffen" werden können, denn Zinngerät ist rundplastisch, und nicht nur – wie Bilder – ein Objekt, das betrachtet wird, sondern als Skulptur erfahren werden soll. Aber selbstverständlich kann man es auch hinter Glas in Vitrinen oder in Schränken aufstellen. Eine der herrlichsten Sammlungen Frankreichs befindet sich hinter einer Boiserie verborgen und es ist ein ganz besonderes Erlebnis, wenn der Sammler die Vertäfelung öffnet und sich hinter der Wand plötzlich ein Schatz präsentiert. Im übrigen sprechen wohl auch Überlegungen der Hausfrau – offenstehendes Zinn muß öfters abgestaubt werden – und solche der Versicherungen – wertvolle Gegenstände müssen in verschlossenen Schränken aufbewahrt werden, sonst erfolgt bei Einbruch kein Wertersatz – eine Rolle.

Abb. 120 Aufstellung einer Zinnsammlung. Privatbesitz Westfalen

Der Vorschlag, Zinngerät möglichst auf oder in Möbeln der Renaissance- oder Barockzeit zu präsentieren, lieber in solchen aus Eiche oder anderen rustik wirkenden Hölzern als auf polierten oder vergoldeten Objekten, ist ebenfalls nicht apodiktisch gemeint. Natürlich kann man einen Leuchter auf Silberart auch auf eine polierte Nußbaumkommode stellen und eine rot oder grün lackierte Zinndose auf ein Kirschbaummöbel. Aber eine Gruppe von Zunftkannen des 17. Jahrhunderts wirkt deplaziert auf einem Louis-Seize-Bureau; der Sammler sollte eben nur zum Nachdenken angeregt werden, daß er bei der Anschaffung von Möbeln auch sein Zinn berücksichtigt.

Beim Aufstellen des Zinns in modernen Regalen (Abb. 121) oder Schränken gibt es viel Spielraum, aber auch mancherlei Möglichkeiten, die Stücke in ihrer Wirkung zu benachteiligen. Vor manchen Farben wird sich Zinngerät nicht besonders wirkungsvoll präsentieren und nicht jedes Material ist gleich günstig. Helle Hintergründe mögen den etwas schweren Farbwert der Objekte beleben, ein kräftiger, farbiger Fond kann den optischen Effekt des mattsilbergrauen und schwach blinkenden Metalls steigern. Aber wie gesagt: das alles will nur als angedeutete Möglichkeit, nicht einmal als Hinweis dienen. Der Sammler soll ruhig so verfahren, wie es seinem Geschmack und seinen Möglichkeiten entspricht.

Wichtig ist schließlich auch die Frage, wo, wann und wie der Sammler Zinn erwerben soll. Es genügt bei weitem nicht, das sei vorab gesagt, einfach genug Geld in den Beutel zu tun und dann einzuheimsen. Eine gute Zinnsammlung muß mit Geduld, Ausdauer und Verstand gesucht und aufgespürt werden. Der Möglichkeiten gibt es mehrere. Der angehende Sammler wird gut daran tun, wenn er zunächst Verbindung mit seriösen Händlern aufnimmt. Seriöse Händler sind meist nicht die billigsten. Die meisten guten Kunsthändler sind im Kunsthändlerverband ihres Landes Mitglied. Die allerfeinsten gehören darüber hinaus zur CINOA, das ist ein internationaler Kunsthändlerverband.

Abb. 121   Aufstellung einer Zinnsammlung. Privatbesitz   ▷

Ein diskretes schwarzes Schild mit Goldschrift weist darauf hin. Die beste Empfehlung bei Händlern und auch sonst ist gediegenes Wissen, aber nicht Rechthaberei. Leider läßt sich großspuriges Auftreten, Prunken mit speziellen Pseudo-Weisheiten und vorgeblichen Kenntnissen sowie Unbelehrbarkeit sehr häufig feststellen, sowohl bei neunmalklugen „Sammlern" als auch bei manchen Verkäufern, die gern versuchen, ihre ahnungslosen Kunden mit großen Sprüchen und – oft bloß erfundenen – Detailkenntnissen zu beeindrucken. Daher der wiederholte Rat, nur in guten Geschäften, bei renommierten Händlern zu kaufen. Es spricht manches dafür. Zunächst wird der reelle Antiquar bemüht sein, gute Ware heranzuschaffen, weil er danach trachtet, sich einen Stamm von Kunden heranzuziehen, die nicht nur einmal, sondern öfter bei ihm kaufen. Ferner steht er ein für die Echtheit, das heißt für die zugesicherten Eigenschaften, was Alter und Erhaltung betrifft. Diese zugesicherten Eigenschaften gibt er mündlich und schriftlich auf der Rechnung. Stellen sich beim Kunden dann trotzdem begründete Zweifel ein, wird der Händler innerhalb der bestimmten Einredefrist von sechs Monaten das Stück zurücknehmen. In den meisten Fällen wird das ohne längeres hin und her der Fall sein, denn: ist das Objekt trotz der Bedenken des Käufers doch echt, wird sich bald ein neuer Interessent finden; ist es aber wirklich falsch, wird der Verkäufer Wert darauf legen, daß die Sache möglichst schnell beigelegt wird. Ist die Frage der Echtheit sehr schwer zu entscheiden – und das kommt oft vor – kann ein Experte hinzugezogen werden, dessen Urteil sich die Parteien unterwerfen. Die Kosten dafür trägt derjenige, dessen Meinung nicht bestätigt wird. – Bei Käufen auf Flohmärkten und diesen nahestehenden Antikmessen ist eine Reklamation nur sehr schwer möglich, wenn nicht ausgeschlossen. Es ist das Charakteristikum und vielleicht auch der Reiz solcher Veranstaltungen, daß von „zugesicherten Eigenschaften" und genauen kunstgeschichtlichen Bestimmungen nur wenig die Rede ist. Die Kunden möchten gern Entdeckungen machen und die Händler sind so klug, ihnen das scheinbare Vergnügen zu lassen. Sie sind dadurch auf angenehme Weise mancher Verpflichtungen enthoben und können sich guten Gewissens von Regreßansprüchen freihalten. So sparsam mit der Information hier umgegangen wird, auch der auf Trouvaillenjagd (Jagd nach günstigen Entdeckungen) gehende Käufer will ja den Verkäufer nicht mit Gewalt klug machen, so großzügig ist man, was die Höhe der Preise angeht. Es ist dem Autor schon mehr als einmal aufgefallen, daß in den kümmerlichsten, oft unordentlichen, ungemütlichen Trödelläden oder Flohmarktständen für Objekte, die etwas besser sind als die dort übliche sonstige Ware, sogleich exorbitante Preise verlangt werden. Preise, die weit höher sind, als in noblen, schön eingerichteten Läden, wo man als Kunde einen Stuhl angeboten bekommt und aufs beste beraten wird. Und das ist einleuchtend zu erklären: Für den renommierten Händler ist ein bedeutendes Objekt täglich Brot, und er wird den Preis wie üblich kalkulieren. Bei dem kleinen Händler stellt ein besseres Stück eine Sensation dar und er wird versuchen, das Höchstmögliche herauszuschlagen, weil er denkt, daß er so bald nicht wieder an ein für seine Verhältnisse kostbares Stück herankommt. Es ist eine Binsenweisheit, die aber leider bisher von nur wenigen geglaubt wird, daß Trouvaillen heutzutage kaum noch möglich sind. Wieviele möchten die große Entdeckung machen, einen Schnapp tun und billig an schönste Stücke kommen! Aber die vielen vergessen eines, daß nämlich auch die Trödler inzwischen eine gewisse Ahnung oder ein Gefühl dafür haben, ob ein Stück etwas sein kann und sich dann bei größeren Händlern informieren. Daß man heutzutage ein Objekt, das vielleicht 40 000 DM wert sein mag, für 20 000 DM erwerben kann, ist wahrscheinlicher und kommt öfter vor, als daß man für 500 DM kauft, was 1 000 DM wert ist. Wenn man dann noch bedenkt, wieviel Zeit, Umstände und Mühe die Jagd nach Entdeckungen auf Flohmärkten kostet, wird die Entscheidung nicht schwer fallen, wo der Sammler sein Zinn kaufen soll: beim seriösen Händler oder beim Trödler.

Spezialhändler oder solche, die das Gebiet des Zinns besonders pflegen, findet man in Köln, Stuttgart, München, Freiburg i. Br., Würzburg, Bad Godesberg, Kiel, Berlin, Amsterdam, Eindhoven, Paris. Daß die Namen an dieser Stelle nicht genannt werden können, dürfte verständlich sein. Besucher der Kunst- und Antiquitätenmessen in München, Hannover, Köln/Düsseldorf, Delft, Maastricht und Leser der von den Berufsverbänden herausgegebenen Mitglieder-Verzeichnisse werden unschwer die gemeinten Händler herausfinden. Natürlich haben auch solche Händler, die sich mit Kunstkammerstücken und Objekten von „Haute curiosité" befassen, von Zeit zu Zeit Zinnobjekte besonderen Ranges wie Hansekannen, Schönschrifttafeln, mittelalterliche Gefäße und Reliefschüsseln.

Wichtig ist für den Sammler, das sei wiederholt, der Kontakt zu seriösen Händlern und das Herstellen einer Vertrauensbasis, doch sollte man sich nicht einseitig an einen „Hoflieferanten" binden, sondern sich bei möglichst vielen umsehen. Beim Kauf darf man sich nicht drängen lassen. Die Aufforderung des Händlers: „Sie müssen sich gleich entscheiden, es ist noch ein anderer Kunde interessiert" spricht nicht immer für das Objekt. Gute Antiquare geben den ihnen bekannten und seriösen Kunden ein Stück gern zur Ansicht mit, sofern dieser nicht gerade als ein „Monsieur Retour" bekannt ist, das heißt als einer, der sich nie zu einem Kauf durchringen kann und alles stets wieder zurückbringt.

Schließlich gibt es noch die Möglichkeit, auf Auktionen zu kaufen. Aus den in jedem Katalog abgedruckten Bedingungen geht hervor, daß der Käufer allein das Risiko trägt. Es gehören also gute Kenntnisse, Erfahrungen und ein gediegenes Wissen dazu, wenn man bei Versteigerungen mithalten will. Der Anfänger sollte vorsichtig und langsam zu Werke gehen; für den Kenner bieten die Auktionen gute Erwerbsmöglichkeiten. In Köln, München, Stuttgart und Bremen sitzen die derzeit bekanntesten Auktionatoren, bei denen altes Zinn angeboten wird. Sotheby's und Christies in London versteigern ein- bis zweimal im Jahr auch „Continental pewter".

Das Zinngerät von Jahrhunderten ist vor unseren Augen vorübergezogen, Zeiten und Räume sind im Geiste durchmessen worden. Eine Vielfalt von Formen hat sich aufgetan. Unsere Bewunderung gilt den Meistern, die dieses geschaffen haben – Menschen, oft des Lesens und Schreibens nicht oder kaum kundig und dennoch im Besitz eines Wissens und Empfindens um Schönheit, Harmonie, Wohlklang von Form und Gestalt, wie es in unseren Tagen verlorengegangen zu sein scheint oder willentlich aufgegeben zugunsten eines Bemühens um Originalität, um anders, um besonders zu sein.

Vorübergezogen vor unserem Auge sind aber auch die Zinngeräte, die mehr scheinen wollen als sie sind, die Kopien, Imitationen, Fälschungen. Dem Leser und Sammler mag angst und bange geworden sein bei der Vorstellung, wie viele Dinge aus Zinn nicht echt sind, das heißt nicht aus der Zeit stammen, aus der sie vorgeben zu sein. Trotzdem sollte sich niemand entmutigen lassen, altes Zinn zu sammeln. Es ist eine Herausforderung für den Liebhaber alter Kunst zu entscheiden, was echt oder falsch ist, eine Herausforderung, die das Auge und den Geist schärft und das Empfinden für Form und Ebenmaß verfeinert.

Literaturverzeichnis

Aichele, Frieder: Zinn. München 1977

Bapst, Germain: L'Etain. Paris 1884
Bauer, Dirk: Kirchliches Zinngerät aus dem Kreise Marburg, Marburg 1970
Berling, Karl: Altes Zinn. Berlin 1919, 2. Auflage 1920
Bertram, Fritz und *Zimmermann, Helmut:* Begegnungen mit Zinn. Prag 1967
Bondy, Karl: Das alte Zinngießerhandwerk in Böhmisch-Leipa; in: Mitteilungen des nordböhmischen Vereines für Heimatforschung und Wanderpflege . . . Böhmisch-Leipa 1937, S. 38 ff.
Borchers, Walter: Bäuerliches Zinn in Westfalen und im angrenzenden Niedersachsen; in: Rheinisch-Westfälische Zeitschrift für Volkskunde, 5, 1958, S. 175 ff.
Boschian, Nadia: Il Peltro. Mailand 1966
Bossard, Gustav: Die Zinngießer der Schweiz und ihr Werk. Bd. I Zug 1920, Bd. II Zug 1934
Boucaud, Philippe und *Frégnac, Claude:* Zinn. Fribourg 1978
Brockpähler, Renate: Zinngeschirr und Zinngießer in Coesfeld; in: Westfälischer Heimatkalender, 1961, S. 174 ff.

Demiani, Hans: François Briot, Caspar Enderlein und das Edelzinn; Leipzig 1897
Dietz, Alexander: Das Frankfurter Zinngießergewerbe und seine Blütezeit im 18. Jahrhundert; in: Festschrift zur Feier des 25jährigen Bestehens des städtischen Historischen Museums in Frankfurt a.M., Frankfurt 1903
Dubbe, B.: Tin en tinnegieters in Nederland. Zeist 1965

Enkelmann, Hans-Walter: Die Rudolstädter Zinngießer; Die Saalfelder Zinngießer; Die Pößnecker und Neustädter Zinngießer; in: Rudolstädter Heimathefte, 19. Jahrgang, Heft 1/2, 3/4, 7/8.

Fritz, Rolf: Dortmunder Zinngießer in der Barockzeit; in: Beiträge zur Geschichte Dortmunds und der Grafschaft Mark, Band 62, Dortmund 1965

Gahlnbeck, Johannes: Zinn und Zinngießer in Finnland. Helsingfors 1925
Russisches Zinn; Bd. I Moskau, Leipzig 1928; Bd. II Leningrad, Leipzig 1932
Zinn und Zinngießer in Liv-, Est- und Kurland. 1929

Haedeke, Hanns-Ulrich: Altes Zinn. Leipzig 1963
Zinn. 1. Aufl. Braunschweig 1963, 2. Aufl. 1973
Zinn. Leipzig 1966, Hanau (o.J.)
Metalwork. London 1970
Sächsisches Zinn. Leipzig 1975
Hänsel, R.: Die Zinngießer in Schleiz und ihre Marken; in Das Thüringer Fähnlein, 11, 1942 (10, 11, 12), S. 103 ff.
Harksen, Julie: Altmärkisches Zinn; in: Der goldene Reiter, 2, 1939 (12), S. 444 ff.
Hintze, Erwin: Die deutschen Zinngießer und ihre Marken. 7 Bände, Leipzig 1921 ff.
Huber, H. und *Oertel, G.:* Siebenbürgisch-Sächsisches und anderes Zinn. Reichenberg 1936

Kerfoot, J. B.: American Pewter. New York (1924)
Kohlmann, Theodor: Zinngießerhandwerk und Zinngerät in Oldenburg, Ostfriesland und Osnabrück. Göttingen 1972
Kratzenberger, Karl: Altes norddeutsches Zinngerät und seine Marken; in: Brandenburgisches Jahrbuch, 6. Band, 1931
Krins, Franz: Die Zinngießerfamilie Maranca in Minden; in: Mindener Heimatblätter, 26, 1954, Nr. 1–2
Kupka, P. L. B.: Zinngießer und Zinngüsse in der Altmark; in: Montagsblatt der Magdeburger Zeitung, 77. Jg. 1935, S. 17 ff.

Mais, Adolf: Die „Katzelmacher"; in: Mitteilungen der Anthropologischen Gesellschaft in Wien, 87. Band. Horn-Wien 1957, S. 37 ff.
Die Zinngießer Wiens; in: Jahrbuch des Vereins für Geschichte der Stadt Wien, Band 14, Horn 1958, S. 7 ff.
Meyer-Eichel, Eva: Die bremischen Zinngießer; in: Veröffentlichungen aus dem Staatsarchiv der freien Hansestadt Bremen, Heft 7, Bremen 1931, S. 61 ff.
Mirow, G.: Brandenburgische Zinngießer; in: Brandenburgisches Jahrbuch Bd. II, 1927, S. 83 ff.
Luckauer Zinngießer; in: Mitteilungsblätter des Vereins der Luckauer in Groß-Berlin, Bd. 5, 1936, S. 38 f.
Die Prenzlauer Zinngießer; in: Heimatkalender für den Kreis Prenzlau, 1942, S. 3 ff.
Mory, Ludwig: Schönes Zinn. München, 1. Aufl. 1961, 5. Aufl. 1975
Zinn in Europa. München 1972

Nadolski, Dieter: Eilenburger Zinngießer und ihre Marken; in: Sächsische Heimatblätter, Heft 6, 1977, S. 284 f.

Pieper-Lippe, Margarete: Altes münstersches Zinn; in: Zeitschrift Westfalen, 36. Band, Heft 3, Münster 1958
Zinn im südlichen Westfalen, Münster 1974

Reinicke, Wilhelm: Lüneburger Zinn. Lüneburg 1947
Riff, Adolphe: L'orfèvrerie d'étain en France. Straßburg 1925
Les étains Strasbourgeois du XVIe à XIXe siècle. Straßburg 1925

Schneider, Hugo: Zinn. Katalog der Sammlung des Schweizerischen Landesmuseums. Zürich 1970
Stempel, Karl: Deutsche Zinngießer im Wartheland; in: Deutsche wissenschaftl. Zeitschrift im Wartheland, Heft 4, 7./8. Jg., Posen 1943, S. 115 ff.

Tardy: Les Étains Français. Paris 1959
Tischer, Friedrich: Böhmisches Zinn und seine Marken. Leipzig 1938, Neudruck 1975
Toepel, Clement: Zur Geschichte der Geraer Zinnmarken; in: Geraer Museum im Aufbau. Geraer Reihe 2, 1949, S. 34 ff.

Uldall, G.: Gammelt Tin. Kopenhagen 1950

Verster, A. J. G.: Das Buch vom Zinn. Hannover 1963
Vetter, Robert M. und *Wacha, Georg:* Linzer Zinngießer. Wien und München 1967
Viebahn, Egon: Bergisches Zinn. Wuppertal, 1. Aufl. 1972, 2. Aufl. 1978

Walter, Hans: Aussiger Zinngießer; in: Beiträge zur Heimatkunde des Elbetales, 4, 1942, S. 108 ff.
Wawra, W.: Beiträge zur Geschichte der Komotauer Zinngießer; in: Erzgebirgszeitung 62/63, 1942, S. 34 ff.
Weiner, Piroska: Neue Sammlung von Zinnmarken in Ungarn; in: Annuaire du Musées des Arts decoratifs, Bd. VI, 1963, S. 127 ff.
Zinngießer, Zinngefäße und Zinnmarken aus Ungarn; in: Acta Historiae Artium, Academia Scientiarum Hungarica, Bd. XV, Budapest, 1969, S. 139 ff.
Weygang, August: Illustriertes Musterbuch über Dekorationsgegenstände in Zinn nach antiken Mustern. Öhringen 1902
Musterbuch über Dekorations- und Gebrauchsgegenstände in Zinn nach antiken Mustern. Öhringen, verschiedene Auflagen, von 1925 bis 1937
Wiedner, Johannes: Schlesische Birnkrüge aus Zinn; in: Schlesien, eine Vierteljahresschrift für Kunst, Wissenschaft und Volkstum, Jg. XI, Heft 3, Würzburg 1966, S. 155 ff.
Wolfbauer, G.: Die steirischen Zinngießer und ihre Marken. Graz 1934
Die österreichischen Zinngießer und ihre Marken. Graz 1934

Zukal, Josef: Troppauer Zinngießer bis zum Beginn des 19. Jahrhunderts; in: Zeitschrift für Geschichte und Kulturgeschichte Österreich-Schlesiens, Bd. VII, Troppau, 1913, S. 42 ff.